林安梧著

中國宗教與意義治療

臺灣學生書局印行

序言

本書原想題爲《中國宗教與身心治療》，後覺此題之「身心治療」易被以爲是醫學之範疇，恐生誤會。後終以《中國宗教與意義治療》一名定案，筆者以「意義治療」來說儒家所隱含的治療學思維，再以「存有治療」來說道家所隱含的治療學思維，又以「般若治療」來說佛教所隱含之治療學思維，復以「五行治療」來說萬國道德會所隱含的治療學思維。稱謂有別，義涵亦各有所異，但總的來說，當可以「意義治療」一詞涵概之，故終以此定案。

「人存在的異化及其復歸之可能」乃筆者近十餘年來從事哲學思考之重心所在。筆者《中國宗教與意義治療》一書，乃屬此總題下之一系列研究，旨在講明中國宗教之特質，並因之而闡發中國宗教所隱含的治療學思維。蓋筆者以爲宗教乃人們之終極關懷，而終極關懷之實踐與體現，則指向意義之治療故也。

宗教之爲宗教，本書所採取的立場，是通過一宏觀的視角，經由中西對比的方式，來重新理解的。筆者以爲這樣的理解，才能免除一切以西方文化傳統爲中心的思考方式，才能眞切的爲自己找尋到自家文化的土壤，尋得自家傳統的主體性，並且對於所謂的「宗教」有更進一步豐富其義涵的作用。再者，因爲中國的宗教，包括本土的儒、道兩教，以及由印度傳來，而又落地生根而長育成大樹的大乘佛教，都強調道德實踐、心性修養的優先性，此中隱涵著一套極爲可貴的治療學思維，頗値得吾人加以闡釋開發。本書的目的即在藉由儒、道、佛三教的經典文獻，以及由此三教所融匯而成的重要作品，暫不論其古今先後，全數關聯到當前社會及其相關的諸多問題，展開其詮釋與重建的可能。

第一章〈「絕地天之通」與「巴別塔」——中西宗教的一個對比切入點之展開〉。本文曾於一九九〇年四月於雲南昆明所舉行之「中華民族文化海峽兩岸學術研討會」上宣讀，後發表於《鵝湖學誌》第四期（一九九〇年六月），現經修改，置於此書以爲首章。本章旨在通過一文獻的解讀方式，參之以文化類型學及宗教類型學的方式，希望對於中西的宗教型態有一個概括性的把握。

筆者以爲宗教的類型，究極而言皆與所謂的「天人之際」有密切的關係，因此筆者採取了中國古代文獻《尙書》〈呂刑〉中所載的「絕地天之通」與基督教《聖經》〈第十一章〉中所載的「巴別塔」作爲一對比；指出所謂的「絕地天之通」所指的是「絕限的絕」而不是一「斷絕的絕」；它強調的是民神異業，敬而不瀆，從一原始的巫祝傳統轉而爲一天人、物我、人已皆通而爲一的「存在之連續」，而這樣締造成的宗教乃是一「因道以立教」的型態。相對於此，所謂的「巴別塔」則指向一「存在的斷裂」，因之而締造的是一「立教以宣道」之宗教型態。

最後，筆者希望能由如保羅·田立克（Paul Tillich）所強調「創造關連的上帝」（God as Creating and Related）及馬丁·布伯（Martin Buber）所強調的「I and Thou」與儒學的「一體之仁」能作爲中西雙方會通的一個可能。顯然地，筆者企圖經由一類型學的對比方式來穩立中國宗教所具的獨特性，點出「連續」與「斷裂」的截然差異，並以此爲線眼展開以後各章的立論的指向。

第二章〈論儒家的宗教精神及其成聖之道——不離於生活世界的終極關懷〉。本章原於一九九一年五月間，應台灣大學「儒社」之邀所做的講演紀錄，後經刪修補注，發表於一九九三年五月，於淡江大學所舉辦之「第二屆宗教與文化學術會議」，又發表於一九九四年八月間，中國社會科學院於北京舉辦之「海峽兩岸宗教學術研討會」，現經修正刊於《宗教哲學》，第一卷第一期（一九九五年一月），現再修訂移置於此。本章延續著第一章的理路，旨在經由一曠觀而對比的方式，豁顯儒家所隱含的「宗教精神」與「人文精神」，指出兩者有其不一不二的關係，並由是而闡明其「成聖之道」。

首先筆者經由「終極關懷」一概念的引入，以爲宗教界定的起點。再者，指出儒、道兩家宗教的特性乃在於「天人不二」。而後再更進一步點明儒、道兩家思想的對比乃在於「一氣之所化」與「道德之創化」。關聯著此「道德之創化」，筆者闡明了儒家的成德之教這樣的聖人之路乃是一「肉身成道」之路。至於說「肉身成道」的教養與完成，其理論的根據則在於「體用一如」、「體用不二」。最後筆者又論及於儒教的異化與歸復之道，指出了儒家所謂的「圓教」之「圓」，有境界型態的圓、心性修養的圓、道德實踐的圓，此三者各有所別。

本章所強調的道德創化及成聖之道，都關聯到「天人不二」、「體用一如」或「體用不二」等基本理論，而這實爲儒家孔孟陸王一系所強調「本體詮釋學」與「本體實踐學」之所涵。

第三章〈象山心學義理規模下的「本體詮釋學」〉，本章乃以象山心學之義理結構爲示例，展開儒家本體詮釋學的試探與建構。本章之思維發軔於一九八七年，乃筆者展開此一系列思維之始，起先發表於〈東方宗教研究〉第一期（一九八七年九月），現經大幅修改，移置於此。首先筆者面對象山所謂「學苟知本、六經皆我注腳」一語，深入的去考察，因而及於象山學的整個體系，豁顯象山學的整個「生活世界」，並點出所謂的「經典詮釋」是離不開此「生活世界」的。如此一來，我們可以更進一步探尋其理據，此即象山所提「心即理」這個心學的核心論題。

「心即理」乃是一本體的實踐之理，它必然的展開其實踐，而實踐之所及是整個生活世界，在生活世界中「事、道、心」這三者構成了──「本體的實踐之圓環」（onto－practical circle）。針對此，筆者更而對於象山的本體實踐學作了一番展開，指出本體的實踐是攝持於本心，通極於道體的，並當體的呈現於生活世界之上。生活是一種詮釋，一種參贊，經典之詮釋即是生活，一方面通極於道，一方面亦攝持於本心的。它們構成了一「本體詮釋的圓環」（onto－hermeneutical circle），它指出：道體通過本心而開顯爲經典文字，本心亦經由經典文字而契入道體。本體詮釋學方法之釐清對於宋明理學以及相關的當代新儒學之研究是迫切而必要的。

第四章〈王陽明的本體實踐學──以王陽明《大學問》爲核心的展開〉，原發表於國立台灣師範大學於一九八八年秋所舉辦之「陽明學學術討論會」，後曾收於該會所匯輯之論文集中，現再經增刪修訂，移置於此。本章乃以陽明學中的《大學問》爲示例，展開「本體實踐學」的試探與建構。

筆者擬通過一文獻解讀的方式，企圖凸顯陽明學的特質，指出他強調的「一體之仁」所隱含的一個存在樣式乃是所謂的「我與你」（I and Thou）而不是「我與它」（I and it）。進而釐清陽明學，指出彼實爲一本體的實踐學之體系。

「本體的實踐學」指出了「即工夫即本體」的路數，人與天地萬有經由一實踐的感通，泯除了小己之限而達於「天、地、物、我、人、己」皆通而爲一的地步。值得注意的是這樣的一個實踐的感通之活動，是以一本體的詮釋學作爲基礎的。這顯然可見筆者是繼承著前面所述的象山的本體詮釋學而更進一步的拓深與嘗試。

經由中西宗教對比的釐清，儒家宗教精神的確立，再以象山、陽明爲示例，邁向本體詮釋學、本體實踐學的建立，於行文之際已指向了治療學的思維。

第五章〈邁向儒家型意義治療學之建立——以唐君毅《人生之體驗續編》爲核心的展開〉，原發表於一九八八年年底香港法住文化書院及中文大學所舉辦之「唐君毅思想國際會議」，後又刊於新加坡出版的《亞洲月刊》（一九八九年八月）及臺北出版的《鵝湖月刊》（一九八九年十月），後又收於該會議論文集中，現再經修訂增補，移置於此。本章乃經由弗蘭克意義治療學的對比與返照，企圖以唐君毅《人生之體驗續編》爲示例，去開發儒家所具有的意義治療學的思維。

筆者首先經由一文獻的理解與重建的方式，企圖去凸顯一儒家的意義治療學的可能性。筆者指出儒家的意義治療學雖有類似於弗蘭克者，但並不同於弗蘭克，因爲儒家是以「一體之仁」作爲其心源動力的，而弗蘭克的精神資源主要來自於一神論的宗教。儒家是經由「一體之仁」進而點出了一「我與你」的存在樣式，進而指出了「以體驗之」及「驗之以體」的「體驗」，這隱含了一理解、詮釋乃至批判、重建的過程，而這樣的一個過程便是一不休止的意義治療的過程。

顯然地，筆者此文之作是繼續前所開發象山學的本體詮釋學及陽明的本體實踐學，而更進一步思有以落實的締造；筆者希望這樣的一個嘗試能為當代的新儒學找到一嶄新而可能的方向。

第六章〈語言的異化與存有的治療——以老子《道德經》為核心的理解與詮釋〉，原發表於香港法住文化書院於一九九一年底所舉辦之「安身立命國際會議」，後刊於台北出版之《鵝湖學誌》，第八期（一九九二年七月），並收於該會議論文集中。現再經修訂增刪，移置於此。本章旨在經由「語言的異化」與「存有的治療」這兩個對比性的概念，對於老子《道德經》展開一新的理解、詮釋與重建。

首先，作者釐清了「語言」之為一種表達，而其表達是表達那存有之所彰顯的事物，這樣的表達乃是一種限定，這即如王弼所謂的「名以定形」。這樣的表達由於橫面的執取所相引拖曳而成的定執之物，造成了所謂的「語言的異化」。再者，作者指出老子以為對於這樣的異化現象所採取的是一「存有的治療」。而所謂「存有的治療」，是由平常我們橫面的執取所論定的定執之對象反省起的，它經由一種否定性的思考，瓦解了這個定執的結構性之對象，而回到原先之縱向的開展，再而歸返到那平鋪的顯現之場。這是經由否定的思考轉而為平鋪的思考。就此來說，顯然的，這樣的存有的治療法是先於意義的，是先於言說的。

再者，作者強調道家的「存有的治療」不是經由「意義」而起的治療作用，「意義的治療」是經由意識的定立及主體的認取而成的，而「存有的治療」則要我們回到「意識之前的狀態」，那是一種主客交融，無分別相的狀態，它只是一氣之流行而已。這麼說來，我們這裡所謂的「存有的治療」之「存有」一辭並不是指的一「執著性、對象化的存有」，而是一「無執著性、未對象化前的存有」，不是「對象之一般的存有」，而是一「我與你」這樣所成的「生活世界下」，活生生的實存而有。再者，我們可以說「存有的治療」是一統括的稱呼，其實，它針對著不同的定執，而有不同的破解與迴復的方式。對於文化而言，它可以是文化的詮釋與治療；對於社會而言，它可以是社會的批判與重建；對於個人的心靈，它可以是個人心靈的治療。

第七章〈邁向佛家型般若治療學的建立——以《金剛般若波羅密經》爲核心的展開〉，原發表於一九九四年十二月香港法住文化書院暨中文大學所舉辦之「佛教的現代化挑戰國際學術研討會」，後刊於北京出版的《原道》第三集（一九九六年一月）。

本文起先經由美國神學家保羅．田立克（Paul Tillich）與日本禪學家久松眞一的對話，引出佛教所體現的是「緣起性空」與西方所體現的「實有創生」有其根本之異同，進而經由佛教《金剛般若波羅密經》的解讀與詮釋，豁顯一「佛教型般若治療學」之可能。

筆者以爲《金剛般若波羅密經》的義理所重在「存在的空無」、「意識的透明」、「信仰的確定」、「實踐的如是」，「般若治療」強調的是將一切執著擺下，而讓生命回到原點，如其自如的開啓其自己。「般若治療」是可以隨處運用的，只要經由般若空智的照見，一切存在歸本於空無，意識回到透明無礙的境地，使得一切事物能如其事物回到事物自身，此即是所謂的「治療」。我們之所以將佛教的治療特別名之曰「般若治療」就是因爲經由般若空智的照見，讓我們體會到一切緣起性空，而當下在剎那生滅中就回到事物本身，起了一治療的作用。換言之，般若治療或在挑柴擔水間、或在倫常日用間、或在行住坐臥中，無處不在，它亦可以不拘於任何固定的方法，只要讓般若之智開顯，一切空無、意識透明、歸返自身即是。

再者，筆者指出相對於儒家型的意義治療學之所重在於「我，就在這裡」，傅朗克的意義治療法所重在於「我，向前開啓」，道家型的存有治療法則重在於「我，就在天地間」，佛教型的般若治療法之所重則在於「我，當下空無」。

第八章〈「陰陽五行」與「身心治療」——以王鳳儀《十二字薪傳》爲核心的展開〉，原發表於淡江大學中文研究所於一九八九年九月所舉辦之「中華民族宗教學國際研討會」，後經修訂刊於台北出版的《東方宗教研究》新一期（一九九〇年十月），現再經修訂增刪，移置於此。

本文旨在通過《王鳳儀十二字薪傳》一書，對於王鳳儀所提出的「三界」——性、心、身，即人的來蹤，爲入世之法，「五行」——木、火、土、金、水，爲人的應世之法，「四大界」——志、意、心、身，即人的去路，爲出世之法，作一概括性的理解與詮釋，並進一步以豁顯中國『因道以立教』的傳統智慧，開發中國心性學的實踐傳統。

中國心性學的實踐傳統強調所謂「生命之體驗」，「體驗」指的是「驗之於體」及「以體驗之」的兩個迴環，「驗之於體」指的是經由吾人自家生命的理解與詮釋，尋得了整個生命的座標，由存在的經驗而上遂於體的過程；「以體驗之」指的是以此上遂於體而尋得的座標，迴返於廣大的生活世界，去座標這個世界，這是由道體而下返於存在的經驗的過程。王氏所謂「認不是」、「找好處」實可以此二者來立言。又王氏的五行治病法，所強調的「撥陰取陽」、「男子進一步以開其源，女子退一步以培其本」亦合於此。筆者以爲這　所隱含的治療學極待開發。

顯然地，這樣的心性學實踐傳統是雜揉了儒、道、佛各家思想而成的，它在體系的建構上或有小疵而不純之處，但我們卻也因之而看到民間宗教是如何的融匯各家派，而形成三教合一的理解與詮釋，而這樣的理解與詮釋又如何具體運用於身心治療的實踐活動之間。我們若進一步去了解廣土眾民是如何的開啓孝悌人倫、自然無爲、因果業報等思想，那質樸的心性是如何落實於天地乾坤之間，不免要贊歎不已的。

如上所述，我們可以說相對於儒家型的意義治療之所重在於「我，就在這裡」，傅朗克的意義治療所重在於「我，向前開啓」，道家型的存有治療則重在於「我，就在天地間」，佛教型的般若治療之所重則在於「我，當下空無」，而王鳳儀萬國道德會的身心治療則重在「撥陰取陽，進一步以開其源，退一步以培其本」。

附錄：〈實踐的異化及其復歸之可能——環繞臺灣當前處境對新儒家實踐問題的理解與檢討〉，原爲一九九〇年夏參加東海大學於台中所舉辦的《「儒釋道與現代社會」學術研討會》，後刊於《當代中國學》創刊號（一九九一年一月，台北），並收入《「儒釋道與現代社會」學術研討會論文集》，（東海大學哲學研究所，一九九〇年十二月，台中），現再經增修刪訂移置於此。

本文扣緊筆者多年來所關心之「實踐的異化」展開思考，並尋求其復歸於自家生命之可能。首先筆者經由一一宏觀的方式，先就台灣當前的處境，指出其所隱含的雙重主奴意識，做出哲學的解析，並進一步豁顯當代新儒家其所須面對的問題。這樣的作法爲的是要去清理出臺灣當前的認識論的情境基礎或背景，筆者以爲這一步工夫是極爲必要的。

筆者以爲類似這樣的工作，一方面是一詮釋與理解，但另一方面，則又是一文化的治療或者說是一意義的治療，其實，理解、詮釋及治療本就關連爲一的。筆者指出一旦清理出了所謂的「雙重的主奴意識」，便可更進一步檢討在這「雙重主奴意識」之下的批判是一個什麼樣的批判。再者，筆者指出臺灣當前的批判意識激進者多，而返本歸原者少。做爲儒家繼承者的當代新儒家對於這樣的問題似乎關切不深，而這與其學問的淵源有密切的關係。因此，筆者對當代新儒家的思想淵源——宋明理學，做出哲學的解析，指出程朱學如何會落到以理殺人的地步，而陸王學又如何會落到虛玄而蕩，情肆而熾的地步。

筆者的處理方式不同於前賢者，在於筆者將之擺置在歷史社會總體的情境之下來思考這個問題，筆者以爲宋明儒學非僅爲一修身之學而已，它更宜作爲一社會哲學來加以考察。做了以上這些清理之後，筆者又進一步的以當代新儒家的熊十力及牟宗三兩位先生做爲一個例示，指出其哲學所強調的「實踐」義涵究有何特色，又有何進於宋明新儒學的地方，其限制又何在。當然，筆者的處理方法仍然是深具歷史哲學及社會哲學意義的。在處理的過程中，筆者藉此指出了熊、牟二先生有何異同，進而指向一新的儒學之可能。

多年來，筆者深切的以爲做爲一中國哲學研究者，須活生生地去面對生活世界之實況，將中國哲學置於一廣大的歷史社會總體中，加以考察，進而開啓一具有歷史意識及社會性向度之中國哲學研究。如此才能拓深中國哲學的思考領域，並與其它學門有一整合的可能。

再者，關聯著西方近現代以來的發展，吾人更應經由現代哲學的對比與闡發，以嶄新的哲學語言，對於現代中國哲學展開其詮釋與重建。如此才能使得中國哲學不封鎖在自家的語言系統裡，而能進到世界的哲學舞台，讓中國哲學之研究具有當代性，而不只限於哲學史之研究。

筆者十餘年來，日日關切者唯在如何面對人存在之異化狀況，如何深入中國文化傳統，針對此異化狀況作出縱深度的分析，並探求此異化之轉化與再生之能力。但願一方面能拓深人的存有結構的內在分析，並同時能拓深文化傳統的存有結構之分析。

因緣而生，落實民間，筆者從事於經典講習多年，冀望其能恢復中國傳統經典之生命力，並以之面對當前人的實存狀況，開啓其意義治療的可能。如此之工作是一拓荒之工作，故於學術上較具爭議性，但願經由此可使得中國傳統經典所具之治療學的內涵得釋放出來，參與到當前之心理學、輔導學之領域，開啓新的互動之可能。

荊棘路上，踽踽而行，拓荒者雖孤獨而不寂寞、雖辛苦而不痛苦，偶有一得之見，就像生養自家的兒女一般，總是雀躍不已。然而自家的生命就像柴火一般，總有燒盡的時候，但願薪盡火傳而已。

乙亥年歲末序於象山居

林安梧

目錄

第一章 「絕地天之通」與「巴別塔」

——中西宗教的一個對比切入點之展開

〈提要〉

本章旨在通過一文獻的解讀方式，再參之以文化類型學及宗教類型學的方式，希望對於中西的宗教型態有一個概括性的把握。

筆者以為宗教的類型究極而言皆與所謂的「天人之際」有密切的關係，因此筆者採取了中國古代文獻《尚書》〈呂刑〉中所載的「絕地天之通」與基督教《聖經》〈第十一章〉中所載的「巴別塔」作為一對比，指出所謂的「絕地天之通」所指的是「絕限的絕」而不是一「斷絕的絕」；它強調的是民神異業，敬而不瀆，從一shamanism的傳統而為一天人、物我、人己皆通而為一的「存在之連續」，而這樣締造成的宗教乃是一「因道以立教」的型態。相對於此，所謂的「巴別塔」則指向一「存在的斷裂」，因之而締造的是一「立教以宣道」之宗教型態。最後，筆者希望能由如保羅．田立克（Paul Tillich）所強調「創造關連的上帝」（God as creating and related）及馬丁布伯（Martin Buber）所強調的「I and Thou」與儒學的「一體之仁」能作為中西雙方會通的一個可能。

一、問題的緣起：

人生於天地之間，最爲根本的幾個面向是：天人、物我、人己；就這三個面向而言，「天人之際」處理的是人與冥冥中的絕對者（神）之關係之問題，「物我之別」處理的是人與外界存在事物的關係之問題，「人己之間」處理的是人與人及人群間的問題。就這三個問題而言，又以「天、人」的關係最爲重要，它對於另外兩者具有決定性的影響。或者更恰當的說，這三者是關連成一體的，「天人之際」的問題很可能即是「人己之間」及「物我之別」等問題之投影。只不過由於天人的問題所處理的是更爲內在而幽微的問題，它更具原始性，同時更具典型性，因此，只要您把握住了這個關鍵點，您就能清楚的掌握到人類文明的入路，從而清晰的論斷出彼此的異同。

事實上，「宗教」（religion）一詞，本來的意思即指得是：「人與神之間的連結」①。這指的是天人分隔以後再結契的意思，不同的文化有不同的分隔方式，同時也有不同的結契方式。再者，宗教絕不能孤離開來看，它必得關連到整個人的存有結構，尤其相較於其它問題，它又具有優先性，理解任何一個族群的文化幾乎不能忽略其宗教，這可以說成了任何一位人文研究者的共識。

就筆者這些年來的接觸所及，發現由於國內思想界的諸多辯爭及自家文化的劇烈轉型，因而使得中西文化的分際變得極爲模糊，這一方面可以把它視爲彼此已然融合的趨勢，但卻也可能是在西方文化的強烈衝擊之下，中國文化已然不保，中國文化事實上又陷入一更爲嚴重的「次殖民地」之境域中，這的確是一令人憂心的問題。再者，因爲整個西方的現代化所強調的合理化（rationalization）所帶來的是一帶有宰制性的一般化及齊一化，這無形中給人類的文明帶來看似繁榮其實是衰竭的徵兆。當

①「宗教」一詞，拉丁文作 religare，其意爲連結及再結，指得正是「人與神的再結」的意思；一說作拉丁語的 religio，其意爲「敬神」。依《說文解字》而言，「宗」指的是「尊祖廟」，「教」指的是「上所施，下所效」，「宗教」連稱以譯西文之 religion 允爲恰切，就字面上看來，西文之 religion 隱含著「斷裂」（discontinuity）之義，而漢文之「宗教」則隱含著「連續」（continuity）之義；「連續」與「斷裂」正是中西最大分野。

然西方的諸多思想家大體都注意到了這個問題的嚴重性，並且試圖通過一種理性的解構來挽回此頹危之勢；但人們的思考方式卻常囿限於自己的文化所帶來的主導性及宰制性，尤其以西方文化的絕對強勢，一方面它宰制著世界，另一方面它實亦宰制著它自己。明顯的，當代許多西方的知識分子對於西方文化嚴重的批評，他們在方法上卻仍爲自己所囿限，在自己原來的圈圈裡打轉，跳脫不出去。筆者以爲若能通過一對比的省思，當能更清楚的顯示當前的人類面臨的文化貧困是如何的一種問題，又該當如何的解開。筆者找尋了一個中西宗教的切入點——「絕地天之通」，以作爲彼此文化類型的根本定位，從而展開其論述。

「絕地天之通」可以說是任何一個民族都有的古老神話，它代表的是人類由盲昧的洪荒走向文明的理性的第一步。不同的「絕地天之通」的方式，正反應著不同的世界圖象，不同的文化進程，不同的經濟生產，不同的社會構造，不同的理性思維，不同的道德規範，以及不同的宗教信仰。以中國而言，「絕地天之通」的故事首見於《尚書》〈呂刑〉，又見於《國語》〈楚語〉，其所指的年代儘管有些不同，但從故事的內容構造中我們卻可以發現它所指的意義是一樣的。以西方文化下的基督教作一對比的話，我們可以找尋到《舊約全書》〈創世紀〉的「巴別塔」。從中我們似乎可以明顯的發現彼此典型的不同，似可因之而解開中西宗教異同之謎。

筆者以爲對於中西宗教異同之謎的解開，方足以進一步論略儒家之做爲一個宗教的地位與意義，並且關聯到整個生活世界來說，我們才能進一步去觀察省思儒家思想與歷史社會總體的辯證關係爲何的問題。

二、「絕地天之通」所呈現的中國宗教文化史之意義

《尚書》〈呂刑〉上說：

> 民興胥漸，泯泯棼棼，罔中于信，以覆詛盟。虐威庶戮，方告無辜于上。上帝監民，罔有馨香德，刑發聞惟腥。皇帝哀矜庶戮之不辜，報虐以威，遏絶苗民，無世在下。乃命重黎，絕地天通，罔有降格。群后之逮在下，明明棐常，鰥寡無蓋。皇帝清問下民，鰥寡有辭于苗。德威惟畏，德明惟明。

這段話說的是，古老的世代，人們逐漸開化，連帶地也遠離了渾沌的狀態，作爲一個人的特性逐漸的突顯出來，彼此相互的侵奪，殺戮，上帝見此不幸，便想以其德威來阻止人們的殘暴。於是祂派遣了重與黎絕斷了人們通往天地鬼神的通道，使鬼神

不再直接干涉到人們的活動。如此一來，就使得人們往德明（道德及智慧）之路邁進。當然這段話的義蘊極爲豐富，而且充滿著歧異性，不過它卻清楚的指出了：當人類封住了（絕限了，斷絕了）與天地鬼神的通道，人類才眞正邁入了人的世界。値得注意的是，這裡所謂的「封住」並不意味說從此之後，人與天地鬼神就再也沒甚麼關係；而是說人與天地鬼神有了一個普遍而恆定的關係。這是人們從偶然的，不定的，渾沌的狀態走出的決定性的一步，這個轉捩點的形式，可以說便隱含著那個民族的一個基本的生命樣式。

爲了更清楚的給這一段話定位，我們可以引《國語》〈楚語〉來作說明：

「——王問於觀射父曰：《周書》所謂重黎實使天地不通者，何也？若無然民將能登天乎？對曰非此之謂也．古者民神不染，民之精爽不攜貳者，又能齊肅衷正，其智能上下比義，其聖能光遠宜朗，其明能光照之，其聰能聽徹之；如是則明神降之，在男曰覡，在女曰巫。是使制神之處位次主，而為之牲器時服，而後使先聖之後有先烈，而能知山川之號，高祖之主，宗廟之事，昭穆之世，齊敬之勤，禮節之宜，威信之則，容貌之崇，忠信之質，禋絜之服，而敬恭明神者，以為之祝，使名姓之後，能知四時之生，犧牲之物，玉帛之類，采服之儀，彝器之量，次主之度，屏攝之位，壇場之所，上下之神，氏姓之初，而心率舊典者，為之宗，于是乎有神明類物之官，是謂五官，各司其序，不相亂也。民是以能有忠信，神是以能有明德，民神異業，敬而不瀆，故神降之嘉生，民以物享，禍災不至，求用不匱。及少皞之衰也，九黎亂德，民神雜揉，不可方物，夫人作享，家為巫始，無有要質，民匱於祀，而不知其福，烝享無度，民神同位，民瀆齊盟，無有嚴威，神狎民則，不蠲其為，嘉生不降，無物以享，禍災薦臻，莫盡其氣。顓頊受之，乃命南正重司天以屬神，命火正黎司地以屬民，使復舊常，無相侵瀆，是謂絕地天通。」

這段話極爲清楚的說明了所謂「絕地天通」的意義，就理想的狀況而言，「民、神」是不雜的，「人、神」是有所分別的；不過，這並不意味著說「人、神」就分離而不交。事實上，這正說明一個具有必然性及合理性的神人關係之建立。在這裡我們發現在中國文化傳統中，原始的巫祝傳統中已包含著極高的道德實踐色彩，或者我們可以更進一步的說：「神人之際」是通過德行來分判的，以是之故，所以「民是以能有忠信，神是以能有明德，民神異業，敬而不瀆」。至於民神雜揉則是一種亂德的狀態，結果是「民瀆齊盟，無有嚴威，神狎民則，不蠲其爲，……禍災薦臻，莫盡其氣」；而所謂的「絕地天通」乃是「使復舊常，無相侵瀆」。換言之，「絕地天之通」爲的是尋求一個神人溝通的恰當管道，經常管道。

如上所述，我們發現「絕地天之通」這裡所謂的「絕」所指的是一個「絕限的絕」而不是一「斷絕的絕」，由於有所絕限，便可以「人神異業，敬而不瀆」；但又由於不是斷絕的絕，故人神之際是可以通而爲一的。②這清楚的顯示：在中國古文明裡，一方面含有薩滿教式的信仰（Shamanistic belief），另方面則又含著高度的道德實踐色彩。這兩者並不是相背離的，而是合而爲一的。關聯著這種「絕地天之通」的情況下，中國文明的特質可以將之定義在「存有的連續」及「天人的合一」這兩項上。

再者，我們勢將發現關連著這種「存有的連續」及「天人的合一」，中國在自然方面則強調「物我的合一」，而在社會方面則強調「人己的合一」。無可懷疑的，一個族群的宗教信仰，及其社會構造，以及其世界圖象是相應爲一的；而作爲人們終極關懷的宗教信仰往往更能保存那個族群最爲根本的思維模式，我們一旦深入了這個核心，便能掌握全局。

三、「巴別塔」所呈現的基督宗教文化史之意義

處理了中國傳統上所謂的「絕地天之通」後，筆者想對比的指出另一則來作比較。基督教的《舊約全書》〈創世紀〉曾有一則這樣的記載：

「第十一章：那時天下人的口音言語都是一樣，他們往東邊遷移的時候，在示那地遇見一片平原，就住在那裡，他們彼此商量說：來吧！我們要作磚，把磚燒透了，他們就拿磚當石頭，又拿石漆當灰泥。他們說：來吧，我們要建造一座城，和一座塔，塔頂通天，為要傳揚我們的名，免得我們分散在全地上。耶和華說：看那他們成為一樣的人民，都是一樣的言語，如今既作起這事來，以後他們所要作的事，就沒有不成就的了。我們下去，在那裡變亂他們的口音，使他們的言語不通；於是耶和華使他們從那裡分散在全地上，他們就停工不造那城了。因為耶和華在那裡變亂天下人的言語，使眾人分散在全地上，所以那城名叫巴別。（就是變亂的意思）」

事實上，這段話必須與《舊約全書》第三章所述「伊甸園的神話」合看，當始祖

---

② 王夫之於所著《尚書引義》〈皋陶謨〉對此有更進一步的析論，見林安梧著《〈船山論天人之際〉——《尚書引義》〈皋陶謨〉一文疏解》，見《王船山人性史哲學之研究》（民國七十六年九月）

被誘惑，違背主命，上帝一怒，便欲將之逐出伊甸，經書上面這樣記載著：

「……耶和華上帝說，那人已經與我們相似，能知道善惡，現在恐怕他又摘生命樹的果子吃，就永遠活著，耶和華上帝便打發他出伊甸園去，耕種他所自出之土，於是把他趕出去了。又在伊甸園的東邊安設基陸伯和四面轉動發火燄的劍，要把守生命樹的道路。……」

就這段話來說，它清楚的告訴我們，人食了善惡之果，便分辨了善惡，豈容它再摘生命樹的果子吃，又豈容他仍居於伊甸園。這樣的「絕地天之通」的意思，是値得我們注意的。它告訴我們，人類一旦走向理性便必然的要離去了原始的渾沌，與那超越的絕對者疏隔開來，天人分離爲二。

再就所引十一章，我們發現即使人類用了再大的努力，想通過一語言概念所成的建築之塔，去縫合天人之間的分隔都是不可能而且不被允許的，它甚至因此遭來更嚴重的後果，在上帝的大能之下，變亂了人們的口音，使得大家言語不通，陷入一更爲嚴重的疏隔現象之中。顯然的，除了上帝之外，人們是不可能奉自己的名，因爲人自己的名是不能與上帝相提並論的。

《尚書》〈呂刑〉及《國語》〈楚語〉所顯示的「絕地天之通」與《舊約全書》上記載的「絕地天之通」顯然南轅北轍，前者雖區分了「天人之際」，但仍然相信「天、人」是可以感通的，在薩滿教的儀式之中又隱含著道德的實踐色彩，而且顯然道德實踐的色彩才是更爲根本的。換言之，這樣的「絕地天之通」只是想讓「民神異業，敬而不瀆」。上蒼所希望人們的是以神明聖智來達成一具有必然性及合理性的天人關係，並不是非要將天人絕對的疏隔開來不可。正因爲他所走的是這樣的「連續之路」、「天人合一之路」，因而它以道德實踐爲首出，並且認爲道德實踐是通天徹地的，它能縫合天人之間的疏隔。

順著這樣的思維樣式，便極爲自然的以一種參贊天地的理解及詮釋方式，將自己的生命和自然的生命關連在一起，自然萬物因而充滿著價值性的色彩，人參贊之，感受之，實踐之，調適而上遂，通極爲一。《易傳》所謂「大人者與天地合其德，與日月合其明，與四時合其序，與鬼神合其吉凶」，蓋如是之謂也。宋明理學家之強調「吾心即宇宙，宇宙即吾心」正是此思路發展的極至。

相對於中國文化傳統的天人之際之爲一連續性的關係，西方文化傳統的天人之際是一斷裂性的關係。③兩相對比之下，就其爲連續的關係而言，在宗教上，它便無一似基督宗教創世的神話，亦因而無一敻然絕對與人間世隔離開來的至上神④；在認識上，它強調的是一直接契入的感通互動，而覺得言說概念是一暫時性的次要之物；在社會構造上，它是一個波紋型的構造方式，而不是一綑材型的構造方式，是一差序格局，而不是一團體格局⑤；就其爲不連續的關係而言，基督教表現出來的文化則適爲相反。

就中國文化而言，由於彼之文化型態是一連續體的方式，因而天人之際不必再有任何一中介者，通過一個誠敬的方式，便可以默契道妙。終極言之，它所強調的是「天人合一」，因而「此心即是天」，良心即是天理。孟子所謂「盡其心者知其性，知其性則知天矣！」⑥，陽明所謂「無聲無臭獨知時，此是乾坤萬有基」⑦都可以在這個氛圍下獲得一更切當的理解。在這種主體、道體通極爲一的情況下，中國哲學自然而然的是以性善論爲大宗，而所謂的性善指的是「人性的善向」，不是「人性的向善」，這也就清楚而不辯自明了⑧。

相對而言，就西洋文化而言，由於天人之際是一斷裂的方式，因而就須要一中介者，唯有通過這中介者，天人才可能縫合起來。而更值得注意的是這樣的一個中介者是由上帝所決定的，它是一所謂「道成肉身」者。⑨。

四、「因道以立教」與「立教以宣道」的對比釐清

經由上面兩節的疏釋，我們可以更進一步的發現：中國的宗教可稱之爲一「因道以立教」的方式，而西方的基督教則是一「立教以宣道」的方式。

---

③杜維明於所著〈試談中國哲學中的三個基調〉中曾清楚的指出「這種可以用奔流不息的長江大河來譬喻的「存有的連續」的本體觀，和以「上帝創造萬物」的信仰把存有界割裂爲神凡二分的形而上學絕然不同。」（見《中國哲學史研究》，一九八一年，第一期，一九八一年三月，頁20。

④美國學者牟復禮（F. W. Mote）即作如是說，見上所引文。

⑤參見費孝通所著《鄉土中國》〈差序格局〉一節，頁22－41，臺灣影印版。若擴大言之，我們發現包括「語言文字」，「紀年方式」等等都是如此，中西「天人之際」的差異是系統性的，不是偶然的，值得注意。

⑥語見《孟子》〈盡心篇〉（上）第一節。

⑦語見王陽明〈詠良知詩〉。

⑧近些年來，天主教一方極力以「人性向善論」來詮釋孟子，新儒家一方則强調「人性本善論」，頗引起學界注意。請參見傅佩榮、林安梧〈「人性向善論」與「人性善向論」——關於先秦儒家人性論的論辯〉一文，見《哲學雜誌》第五期，頁78－107，一九九三年六月，業强出版社，台北。

⑨相應於此「道成肉身」，我們似可以說中國之型態爲一「肉身成道」者。

這樣的區分，其問題的關鍵點在於中國文化仍然走的是一「神人合一」的連續之路；而西方宗教則走的是一「神人分二」的斷裂之路。

就表面上來說，中國似乎沒有走出原始的薩滿信仰，各式各樣的民間信仰雜陳，泛靈論則是其一貫的想法。的確，我們似乎一直沒有走向一如基督宗教般「體制的宗教」，我們似乎一直停留在一「自然的宗教」的情況下；但值得注意的是，這並不意味著這樣的宗教就比較原始、比較落後、比較低下。事實上，中國所走的是一條獨特的路子，他發展成另一形態的宗教理性。正因爲這種獨特的情況，使得中國的文化及中國的宗教呈現一獨特的「層級堆積」的模式。在這情況下，極爲原始的宗教樣態和極爲開化的宗教樣態並陳在一起，正如同一地質層的結構，層級的堆積在那裡。換言之，中國並不是徹底的停留在一原始而落後的薩滿信仰之內，他有他自己的發展，只不過他的發展並不悖於「薩滿信仰」之格局，他採取的不是「克服替代」的方式，而是採取一「層級堆積」的方式。

就原始薩滿的信仰而言，它最爲強調的是天人的「形、質」是可以通極爲一的，「天、人」，「物、我」，「神、凡」之間並沒有眞正的隔絕開來，只要經由一特殊的儀式，或特殊的管道，人便可以轉換其形質而與天地萬物合而爲一。大體說來，其溝通天地神凡的方式不外經由所謂的「仙山」或「靈山」，巫師從此昇降；經由所謂的「世界之樹」或是「宇宙之樹」，衆帝所自上下；經由各種動物，如龍虎鹿而得神遊洞天福地，與神接觸；經由歌舞音樂，各類藥物，如酒或靈芝，而得忘我神迷；經由龜策卜筮，而得神明類通與天地精神往來⑩。

總的說來，中國並沒有從薩滿信仰走出來，他不是採取一天人分隔的方式，封住了人通往天地神明的路子；而是更深刻的從薩滿信仰走進去，眞正點明了薩滿信仰可能隱含的深刻內涵，從「神人的形質同一論」一轉而成爲「神人的德性同一論」。換言之，第二節所述的「絕地天之通」，它不只是說明了人類文化進展所必有的權力獨占之意義，它更且說明了另一層次的意義，它指向一種「轉化的創造」（transformative creation）．⑪經由此「轉化的創造」，人的「人文性」（humanity）始得盛發出

⑩ 請參見張光直著《考古學專題六講》，頁6－10，台北，稻鄉出版社，1988年出版。

⑪ 楊向奎論及絕地天之通的神話時說「——那就是說，人向天有甚麼請求向黎去說，黎再通過重向天請求。這樣是巫的職責專業化，此後平民再不能直接和上帝交通，王也不兼神的職務了……國王們斷絕了天人的交通，壟斷了交通上帝的大權。」（見氏著《中國古代社會與古代思想研究》上冊，頁164，上海人民出版社，1962年出版。）他明顯的告訴我們天人溝通的獨佔，即是政權的獨佔。但筆者以爲這裡還含著一「轉化的創造」的意思，它更且代表一人文化的意思，截至孔子始盛發此義，後詳說。

來，人始能眞正成爲一個人，而宗教亦因之而轉爲一「人文性的宗教」（humanistic religion）或「道德的宗教」（moral religion）。

大體說來，這是一個長遠的演進歷程，從傳說中的伏羲、神農到周公乃至孔子才得完成，而最重要轉折的關鍵點當是孔子，誠如孟子所言，孔子是謂「集大成」。伏羲氏通過一「觀象於天，觀法於地，觀鳥獸之文，與地之宜，近取諸身，遠取諸物」的工夫，制作了八卦，爲的是「以通神明之德，以類萬物之情」。⑫這是通過一「類通」的方式，經由所謂的「法象」，而與於神明之德，及萬物之情。顯然的，它所走的路子已從原始的巫祝信仰轉而爲人文道德之路，而値得注意的是，這樣的人文道德之路是不悖於原始的巫祝之格局的。天人的關係仍然是一連續的合一關係，天人之際仍未以「斷絕」的方式徹底的區別開來，它仍以一種「絕限」的方式作了區別，進而關連一處，合爲一體。由這種「天人合一」的格局所開啓的人的理性狀態是不同於以一種「天人分隔」的格局所開啓的理性狀態的。前者，或可稱之爲「連續型的理性」，它是一種情理，一種性理，一種道理，一種「天人、物我、人己」皆關連爲一體的理性；而後者，當可稱之爲「斷裂型的理性」，它是一種理智，一種理性，一種經由主客對立，彼此切開來的理性。

中國這種連續型的理性，這種關連爲一體的理性，事實上，一直到孔子才徹底的穩立起來。歷史上的伏羲取得了人詮釋的首出性，它代表的是一人的世界之來臨；由神農到黃帝代表的是一個族群的逐漸形成，再經由堯舜禹湯，直到文武周公，這才眞正奠立起所謂的「宗法封建社會」，中國族群找尋到了一個穩定的外在的型模，孔子由這外在型模的深刻反思中，眞正的開啓了人存在的價値之源，點出了所謂的「仁」。「仁」作爲一人與人之間的道德的眞實感，一種存在的眞實感，經由這樣的眞實感而達到一人格性的道德連結。

孔子經由周代禮文的反省，而點出了這個人格性的道德連結方式，開發了生命的價値之源；往後的儒家便順著這個道路，進而將此價値之源充擴於天地之間。在這裡我們很明顯的找尋到一個極有趣的對比，中國儒家不同於西方基督教之著重於所謂的誡律，它強調的是人文之禮。禮是具體的感通情境下的依持之物，此不同於誡律是一絕對的威權的宰制之物。禮來自於人，而誡律則來自於神；此正如同「仁」是人與人之間那種存在的道德眞實感，而基督教所說的「愛」則是來自於上帝。「盡心盡性盡意愛主你的上帝，這是誡律中的第一且是最大的；其次也相仿就是要愛人如己。這兩

⑫　見《易經》〈繫辭傳〉下，第二章。

條誡命是律法和先知一切道理的總綱。」⑬顯然的，即使是愛也是一種誡律，誡律是上帝所給出的，不是人所自定的，因而它是絕對的，是普遍的，是永世不遷的。

值得注意的是：這種依於絕對的，普遍的，永世不遷的誡命而來的愛是沒有差等的。彼此相愛，正如同愛主你的上帝一樣。這種絕對而普遍的愛不同於儒家的「仁」，仁是一種存在的道德眞實感，是一種等差之愛，它是一不可自已的實踐要求，它不同於所謂的誡命。它不是依於一絕對的威權而有的大能，它是來自生命深處不可自已的生生之仁，是源泉滾滾，沛然莫之能禦那種根源性的感動。

作了以上的疏釋，我們可以清楚的發現由天人的分際之不同，便有了一不同的連結方式，而此不同的連結方式正反應著所謂的不同的宗教。由「天人合一」連續之路發展出來的格局，可以儒家爲代表，它強調的是去擴充生命的價值之源，由親親而仁民，仁民而愛物，它所著重的是來自於生命深處那不可自已的「存在的道德眞實感」，及由此而得締造的人倫社會，⑭這即是我所謂的「因道以立教」的方式。「道」作爲宇宙人生最高的原理原則，是一切的價值之源，而此價值之源是內存於人自身的；只要是依於此「道」，便是暢發吾人生命的價值之源，如此之教便皆爲吾人所接受，所涵納。儒、釋、道三教可以置放於此型模中來處理，甚至說此三教同源，在文化史上雖屬差謬，但於義理詮釋上仍然是順適而可解的。事實上，如果依此「因道以立教」的型模，我們甚至可以將所有的宗教納入此中，而得一融通淘汰，以成就一更高的人類宗教。

就基督教的型模而言，我們可概括的稱之爲一「立教以宣道」的方式。從《舊約全書》中的絕對的「權能」轉而爲《新約全書》中絕對的「愛」，「愛」與「權能」是合而爲一的，它們都依於至高無上的上帝，依於上帝以爲「宗」，循上帝的誡律以爲「教」，由此宗教而有所謂的「道」（道路），這樣的型模即我所謂的「立教以宣道」。

五、結語

如前節之所述，似乎「因道以立教」與「立教以宣道」的方式，中西宗教是否因此迥然各異，殊途而不可能同歸呢！或者我們仍然可以找尋到一個匯通的可能呢！

比較而言，基督教「立教以宣道」的型模在表面上似乎沒有中國傳統所強調的

---

⑬ 見《新約全書》〈馬太福音〉第二十二章，第三十七至四十節。

⑭ 筆者這裡只取了儒家作爲代表，事實上，道家或道教的型模亦不背於此。儒家是以人格性的道德連結而得天命性道貫通爲一，道家則以境界性的藝術連結的方式而得天地與我並生，萬物與我合一；道教則以薩滿式的忘我神迷而得與天地鬼神交通。

「因道以立教」來得寬廣，但近幾百年來的發展與轉折卻有一嶄新的丰貌，上帝與其說是一超越的人格神，毋寧說祂是一創造性自身（creativity），說祂是一以一種「我與您」（I and Thou）的關連性而關連爲一體⑮顯然的，若就此而言，我們似可以通過中國文化的最基本型模的《易經》所強調的「生生之謂易」或「天地之大德曰生」作爲一溝通及接榫的過渡，以創造性自身作爲兩者匯歸之所。再者儒學所強調的「仁」，那做爲存在的道德眞實感的怵惕惻隱之仁，那強調經由人生命深處深沉的感通振動而關連爲一體的「一體之仁」⑯，正如馬丁．布伯（Martin Buber）所說的「我與您」的關連性。從創造性自身找著了兩者存有論的溝通管道，從「我與您」找著了兩者實踐論的匯通可能，筆者以爲這或許是作爲中西文化下的兩個大教（儒家與基督教）對話的可行途徑。

值得注意的是，長久以來的中國傳統所強調「因道以立教」的型模，由於它限於連續觀及合一觀的格局，使得中國人未能眞切地正視人的有限性；而此正視人的有限性正是基督教傳統的特色，在此匯通的過程中儒家或許可能得到一更眞切的認識。

---

⑮ 保羅．田立克（Paul Tillich）於所著《系統神學》（Systematic theology）中强調一創造的關連的上帝（God as creating and related），見氏著第一册，第十一章、又馬丁．布伯（Martin Buber）於所著「I and Thou」之中盛發此義。。

⑯ 儒學自孔子孟子以來即作如是之强調，直到王陽明的〈大學問〉始盛發此義。

第二章　論儒家的宗教精神及其成聖之道
——不離於生活世界的終極關懷

〈提要〉

本章旨在經由一曠觀而對比的方式，豁顯儒家所隱含的「宗教精神」與「人文精神」，指出兩者有其不一不二的關係，並由是而闡明其成聖之道。首先經由「終極關懷」一概念的引入，以為宗教界定的起點。再者，指出儒、道兩家宗教的特性乃在於「天人不二」。而後再更進一步點明儒、道兩家思想的對比乃在於「一氣之所化」與「道德之創化」。關聯著此「道德之創化」，筆者闡明了儒家的成德之教這樣的聖人之路乃是一「肉身成道」之路。至於說「肉身成道」的教養與完成，其理論的根據則在於「體用一如」、「體用不二」。最後筆者又論及於儒教的異化與歸復之道，指出了儒家所謂的「圓教」之「圓」，有境界型態的圓、心性修養的圓、道德實踐的圓，此三者各有所別。

一、「終極關懷」一概念的引入

「儒家」可以說其爲「宗教」嗎？如果可以，那這樣的一個宗教便與其人文精神密不可分。換言之，儒家之做爲一種宗教，並不是在強分「此岸」與「彼岸」的對比之下去彰顯的，相反的，它是在將「此岸」與「彼岸」渾成一個整體的情況下來思考問題的。首先指出了這一點，我們進一步要說，我們現在要去論及所謂的「儒教」的問題的時候，顯然地，我們仍然經由一種對比的方式來談，對比於西方宗教文化的傳統來談，對比於「連續」與「斷裂」來談，對比於「咒術」與「解咒」來談。①

首先我們且從「什麼是宗教」開始吧！一般來講，大家談到宗教，很容易用西方文化爲中心的觀點來理解，而認爲宗教一定要有教義，一定要有教皇、教團、教主；甚至，如果站在基督教的觀點的話，必須有一個超越的人格神，要不然的話，就不成

---

① 關於從「連續」與「斷裂」這樣的對比來談論中西宗教的異同，此是受人類學家張光直、哲學家杜維明等的啓發，請參見張光直《考古學專題六講》頁1－24.，稻鄉出版社，一九八八年九月。杜維明《試談中國哲學中的三個基調》，見《中國哲學史研究》，1981年第一期，頁19－20. 又筆者據此再申論中西宗教之根本異同，請參見林安梧《『絕地天之通』與『巴別塔』——中西宗教的一個對比切入點之展開》，見《鵝湖學誌》，第四期，頁1－14.，一九九〇年六月，台北。見本書第一章。

其爲宗教；或者說不像那樣的宗教就是比較低的宗教。但是我個人想從一個比較寬廣的角度來理解這個問題，什麼是宗教呢？宗教其實是人類的一個「終極關懷」（the ultimate concern）②什麼叫「終極關懷」，這個關懷和一般所謂的關懷是不一樣的，一般的關懷是有確定對象的，那麼這裡所謂的「終極關懷」，它有沒有對象？當然有，但這個對象不是我們一般所採取一個「主體」跟「對象」相對待而成的一個對象。一般我們所以爲的「對象」都是「主客對立」所成的一個「對象」，而「終極關懷」的對象是超乎這種主客對立的格局來思考問題的。

當然，這裡我們先要問什麼是以「主客對立」的格局來思考問題。首先，我們要問我們的意識對事物能夠有什麼樣的把握？一般而言，意識是經由一種投向外，而執持著一個對象這樣的方式來理解事物的，一般所謂的「關懷」也是通過這樣的一個角度所引起的關懷。這樣的關懷，其實便含有個人的性好或利益（interest）在裡面。

---

② 「終極關懷」（the ultimate concern）一語乃保羅．田立克（Paul Tillich）在「Love, Power and Justice」一書中所提出者，見王秀谷譯《愛情、力量與正義》，第七章，頁111－126，三民書局印行，民國六十二年十月，台北。筆者此處所使用雖有所取於此，但只是以此做爲更進一步分疏的可能。又陳郁夫以爲儒家並不是一種宗教，與筆者之主張有別，請參見陳郁夫《人類的終極關懷》，頁7－8，幼獅文化事業公司印行，一九九四年八月，台北。

我們可以說這樣一個關懷乃是在「橫面的」意義下的關懷，它仍然停留在我們這裡所說的「主客對立」的層次，像這樣的關懷就不是「終極」的。那麼「終極」的這個意思指的是什麼呢？終極（ultimate）這個字眼，就中文講，什麼叫「終」？什麼叫「極」？「終」關連著「始」，孟子講「始條理」、「終條理」，講「金聲而玉振之」，「終」有完成的意思，而「極」代表頂點、完成，代表圓滿，而頂點指的不是相對的，而是絕對的。③那麼這麼說，「終極關懷」其實就不是相對的，而是絕對的，不是暫時性的、有所缺的，而是恆久的、圓滿的，這樣的一種關懷。

再者，當我們說到所謂的「絕對」跟「圓滿」的時候，到底是在「彼岸」呢？還是在「此岸」呢？所謂的「絕對圓滿」，是作爲一個「超絕的存有」（Transcendent Being），還是相對地來講，作爲一個「內在的存有」（Immannent Being）。如果是作爲一個「超絕的存有」，那麼那樣的宗教是怎麼樣的一個宗教，如果作爲「內在的存有」，那麼那樣的宗教是怎麼樣的一個宗教。所謂「超絕的存有」與「內在的存有」應該怎麼樣理解，要進一步慢慢分析它，不然的話，我們就沒有辦法眞正恰當的掌握到什麼叫宗教。

二、儒、道兩家思想宗教特性的判定——天人不二

我們是從終極關懷這個概念來理解什麼是宗教，那麼我們說所謂的「關懷」，一般說的層次是什麼？一般說的是平鋪的，是橫面的，主客對立下的關懷。這個關懷是先有認知、有一個對象的關懷，而這樣的關懷都兼含著性好或利益（interest）在裡面，它有一個趨向，而這個趨向是有定點的。那麼所謂「終極關懷」，因爲它涉及到所謂「絕對」跟「圓滿」，所以它就不是平鋪的、橫面的。

現在我們先來了解一下「絕對」和「圓滿」這兩個概念，你是怎麼樣去理解它，你是把它放在一個「超絕的」領域，還是你把它「內在的」來看，或者根本無所謂分成「超絕」和「內在」，再來進一步談這個問題。

我們且看我們所生活的世界是一個什麼樣的世界，當然它離不開此經驗的世界（empirical world），而這經驗的世界若跟那超絕的世界斷裂開來，而分出個神聖與凡俗。那麼，在這種情形之下，所成就的宗教是一個類型，這樣的類型便與將這兩者

---

③孟子謂：「孔子之謂集大成，集大成也者，金聲而玉振之也。金聲也者，始條理也，玉振之也者，終條理也。」（見《孟子》〈萬章〉下，第一章），筆者藉此以明「終始」之理，並因之更進一步以明「終極 關懷」之理。

關連成一個不可分的整體，神聖與凡俗並不是斷裂的，而是連續的，這樣的類型不相同。「斷裂」與「連續」這兩者是不相同的，要區分開來。大體來說，我以為諸如基督宗教與回教這樣的一神論傳統，都屬於前面所謂的「斷裂」的這樣的類型，而相對於此一神論的其他類型，則是「連續」的這樣的類型，儒教可以說是此連續的類型之代表。

在這種「連續」的情形之下，儒教的「宗教性」與其「人文精神」是合在一塊兒的。也就是說，強調一個絕對的、圓滿的，跟強調一個當下的、歷史性、社會性的存在，就儒教來說，這並不是可以分離開來的，它們是不二的。那個超越的、絕對的、圓滿的概念，在中國的儒學系統裡面，它並不是隔離開人的世界而擺在彼岸，而是落在一個活生生的人身上來談人與人之間的一種道德的眞實感，或者道德的實存感，這就是孔老夫子所發明的「仁」。我們從這裡了解到儒家的宗教和人文精神是合在一起的，而這個「合」體現（具現）在這個生活世界每一個人的道德眞實感——仁④。這一點在整個中國來講是很重要的。

這樣的一個想法，這樣的一個方式，跟基督宗教與回教的方式有很大的不同。最大的不同在對於「人」的概念，在西方人的思維結構裡面，「人」做爲一個有限的、不圓滿的存在；而相對的來講，人格神祂是無限的、圓滿的、絕對的。然而以中國文化傳統，特別是儒教來說，一方面強調那個超越的、絕對的根源，而另方面則又說人雖有限而可以無限。或者說，依中國文化所了解的「有限」與「無限」，和原來我們所說的基督宗教的文化傳統所了解的「有限」與「無限」是不一樣的。因爲你從原來那樣的思考方式的「有限」和「無限」是兩個相背反的概念，而現在說人有限而可以是無限的時候，這裡頭所說的「有限」與「無限」的概念不能用原來我們剛剛所說的那個方式來規定它。或者我們可以發現到，你把有限跟無限拉開來作一個相對的思考方式的，是一種單線式的思考（linear thinking）；而當你把人是有限的而可以是無限的，把有限、無限這兩個概念放在一起，基本上是一種圓環式的思考（circular thinking）。至於爲什麼會有這樣兩種不同的思考方式，在理論上來說，這與中西文化的存有觀之爲「連續」與「斷裂」有著密切的關係。當然，上面所做的釐清可以說

④ 關於「仁」，孔子發之於前，而孟子繼之於後，象山所謂「夫子以仁發明斯道，渾無罅隙，孟子十字架開，更無隱遁」（見《象山先生全集》，卷三十四，頁396，台灣商務印書館印行，民國六十八年四月，台一版，台北），筆者以爲明代的王陽明所強調的「一體之仁」最能繼續開發《孟子》書中「怵惕惻隱」的精蘊所在。陽明之論，請參見林安梧〈王陽明的本體實踐學——以《大學問》爲核心的展開〉，收入《陽明學學術討論會論文集》，頁105－124，國立台灣師範大學人文教育中心，民國七十八年三月，台北。

是一文化類型學的理解。這可以說是一背景的、基底的理解，做爲一學問的研究來說，它是極爲重要的。

我們還是扣緊前面所謂的「終極關懷」來談，究極來說，這樣的一種關懷必須從我人的「存在」談起。吾人之做爲一種「存在」，便以一活生生實存而有的方式進入到這個世界，去理解這個世界，去詮釋這個世界。「連續」與「斷裂」是兩個不同的理解方式，是兩個不同的詮釋方式。關於世界的理解方式，論其究極，必論及宇宙生化的問題。

一論及宇宙生化的問題，我們便記起《易傳》所謂「一陰一陽之謂道，繼之者善，成之者性」⑤以及「天行健，君子以自強不息」⑥、「地勢坤，君子以厚德載物」⑦，還有「大人者與天地合其德，與日月合其明，與四時合其序，與鬼神合其吉凶」這樣的句子。⑧這些句子，如果不通過前面所謂的文化類型學的對比，不把它們

⑤見《易經繫辭傳》上，第五章。
⑥見《易經》〈乾卦大象辭〉。
⑦見《易經》〈坤卦大象辭〉。
⑧見《易經》〈乾卦文言〉。

放在「連續」的這樣的類型下來思考問題的話，很可能會出現很多不相干的問題。首先，你一定會說，這些句子將「實然」與「應然」的層次攪和在一起，你會懷疑它們是不是犯了如摩爾（G.E.Moore）所說的自然主義的謬誤（naturalistic fallacy）。⑨

其實不然，因爲究極來說，這牽涉到你怎麼去理解這個問題，你是怎麼樣去詮釋這個世界，不同的理解與詮釋方式便整個的不一樣。因爲，就中國當初在講整個宇宙生化的時候，便不離人而別說一套，中國人並不是把宇宙視爲一個在人之外的對象來理解，然後去想這個對象是怎麼樣，最後指出一個冥冥中的絕對者是如何的超離於人之上，而它又是怎麼樣的造這個世界。

就中國人來說「人」是不離天的，中國長久以來就認爲「天人不二」，即使只就文字的構造來講的話，「人」跟「天」本來就是一脈相傳的，有它的血緣關係，天人不二，這一點在整個中國文化裡面，是非常重要的。⑩所以，我們可以發現到，當中

⑨ 依摩爾（G.E.Moore）所謂自然主義的謬誤（naturalistic fallacy）原指的有兩個類型，一是自然論的類型，一是形而上學的類型，此處筆者所說較近於如摩爾所說的形而上學類型，此請參見G. E. Moore『Principia Ethica』一書，第四章，頁113－115，虹橋書店印行，一九七一年十二月，台北。

⑩ 在中國文化傳統中，宗教上爲「天人不二」、社會上爲「人己不二」，在哲學上則爲「心物不二」，此不二論是關連著中國哲學之連續觀而成的。

國人去說整個宇宙造化是怎麼樣的時候，是不離人的。要去說那個開端，它不是那麼清晰可以講出來的。雖然「天人不二」，它剛開始的時候還是會說籠籠統統的有個宇宙是怎麼樣的怎麼樣的，然後緊跟著說人是怎麼樣怎麼樣的。它籠籠統統說這個宇宙造化時，不是那麼精純的說，而是就人的實存感上來說，是從道德的實存感上談，因此，我們說當他在談到宇宙生化的論題時，他已經將整個倫理的意象擺進去了。

三、儒、道思想的兩個對比——「一氣之所化」與「道德之創化」

「天人不二」可以說是整個中國人的思考方式，這裡頭牽涉到整個中國原來的宗教，我們可以說那是一個巫祝的傳統，或者說是薩滿教（Shamanism）的傳統，我個人以爲這個巫祝的傳統並不是後起的。⑪中國文化中巫祝的傳統最大的一個特點在於，強調人與物、人與天、人與神基本上是同質的，不是異類的，所以它可以轉化，它可以變形。⑫當然，中國並不只停留在這個階段，因爲它從「同質的」（這是一個很重要的轉換）轉成「同德的」，本來是「同質而異形」，後來轉成「異形而同德」。同質的意思是，我們這個身子（body）可以轉，即使水火和人基本上也是可以融合的，人本來跟天地是可以融合爲一的，道家有所謂的「物化、氣化」即指此。所不同的是，在儒家的傳統裡面，承認彼此是不同「類」的存在，但是它有它相同的「德」所在，而尤其當它在談「天」與「人」的時候，強調「人」與「天」是平等的，所以「大人者，與天地合其德，與日月合其明，與四時合其序，與鬼神合其吉凶」都是取其「德」意，這是「天人同德」說。講「天人合一」，是從「天人同德」或「天人合德」說，是就這個角度去講。

簡言之，就原來中國巫祝這個傳統，原強調的是「異形而同質」後逐漸轉化成「一氣之所化」，這是一個傳統；而後來又轉化成「異形而同德」，轉化成「道德之創化」，這又是另一個傳統。我們說「一氣之所化」這個傳統，後來成爲道家之學，而說「道德之創化」成爲儒家之學，但是它們基本上不離原先巫祝的視域（Horizon），這是很值得我們去留意的。正因如此，中國人談到整個宇宙造化的時候，必定會談「道德之創化」、「一氣之所化」，或是把這兩者結合在一起，有的偏

⑪ 張光直即說「中國古代文明是所謂薩滿式（shamanistic）的文明，這是中國古代文明最主要的一個特徵」，見張光直，前揭書，頁4。

⑫ 關於此請參看楊儒賓《昇天、變形與不懼水火——論莊子思想中與原始宗教相關的三個主題》，漢學研究，第七卷第一期，頁223－253，一九八九年六月，台北。

重在前者，而有的偏在後者。顯然地，這樣的一個傳統，並不是一「言說的傳統」，而是一「氣化的傳統」，或者說是個「道德的創化」傳統。如此一來，當你談到中國人整個宇宙創化的想法的時候，不管是「一陰一陽之謂道，繼之者善，成之者性」（同⑤）或者是「太極生兩儀，兩儀生四象，四象生八卦，八卦定吉凶，吉凶生大業」⑬，或者講「天何言哉，四時行焉，百物生焉，天何言哉？」⑭這都不是通過「言說」，而是通過「氣化流行」，或者通過「道德創造」。氣化流行與道德創造又是合爲一體的。

但是當你翻開基督教聖經（Bible）《舊約全書》〈創世紀〉第一章寫著「上帝說有光，就有了光」，上帝說「有什麼，就有什麼」，這「言說」的活動與「氣化流行」及「道德創化」的活動不同，與所謂的「天何言哉，四時行焉，百物生焉」，與所謂的「默運造化」這樣的傳統不一樣！「默」是「超乎言說」，此與「言說」不相同。

「言說」是什麼，「言說」是你通過一個「主體的對象化」活動，而去說這個世界，形成一個主客對立，形成一個「超絕的」和「經驗的」這樣的兩層世界。在這整個文化傳統的基本形態下，它的宗教自然會強調在一個超絕的世界（transcendent world）的絕對而圓滿的上帝，相對於這一個超絕的世界則有一個經驗的世界（empirical world），有一個人的世界（human world）。然而就中國文化傳統的世界觀與文化觀就不是這樣的。「默運造化」、「天何言哉」這指的是由「氣的感通」開展而成的，而不是由「言說的論定」而決定。不只如此，如《中庸》所說「誠者，天之道也，誠之者，人之道也。」⑮這是從道德創化去說，說整個存有的根源是「誠」，而人進到這個世界，以這樣的存有的根源性的動力，去參贊天地之化育。人與世界是一體的，雖異形而同德，就此同德而可以說它們有其「內在的同一性」。經由以上的疏理與闡釋，我們要是說儒家不是「教」，是不應該的，也是不恰當的，其實，儒家是一道道地地的「教」，只是這個「教」不同於基督宗教的「教」罷了。

再者，值得一提的是，到了現在很多哲學家、神學家，包括馬丁．布伯（Martin Buber）、保羅．田立克（Paul Tillich）、馬塞爾（Gabriel Marcel）它們基本上所理解的宗教，已經慢慢的柔化了前面所謂的這個「斷裂」（discontinuity），而再度強調「連續」（continuity），再強調一「我與你」（I and Thou）這樣的一個思維方

---

⑬ 見《易經》〈繫辭傳〉上，第十一章。

⑭ 見《論語》〈陽貨篇〉，第十七章。

⑮ 見《中庸》第二十章。

式，重新縫合了這個超絕的世界和經驗的世界。⑯這特別是存在主義神學非常偉大的貢獻。所以若你對儒學傳統很了解，去讀保羅・田立克（Paul Tillich）的東西，你會覺得它與儒家的宗教非常相近。不過，究極來說，由於文化傳統彼此的異同，因此在根本上還是不同的。

如上所述，我們可以斷言中國文化傳統所謂的「宗教性」離不開「人文精神」。人文跟宗教對中國人來講，其實是一體的；而彼之爲一體，它具現之所在，就是那整個「活生生的實存而有」進入到這個世界的動源點，就是孔老夫子所開啓的「仁」。⑰孔子之爲孔子，我們說：「天不生仲尼，萬古如長夜。」就是因爲他點燃了我們自家生命這盞明燈，這是很了不起的。就此而言，中國的孔子，正如同印度的釋迦，正如希臘的蘇格拉底，正如基督宗教的耶穌。我以爲這些聖哲的教言儘管是平易的，但卻不能等閒視之。我們可以肯定的說這個「仁」，絕對不是世俗一般所以爲的「對人好一點」，或者「人就是要做好人」，這樣的意思而已。它還有更深一層的意義，那是一個根源性的意義，它指的人這樣一個「活生生的實存而有」進到整個生活世界而喚醒的動源。這裡筆者要做這樣的一個提醒。

四、儒家成德之教的聖人之路——「肉身成道」

現在我們再回到前面所說的西洋宗教文化傳統來說，那是一個「言說的傳統」，是通過一個「主體的對象化」（subjective objectification）活動而去「說」那個東西是什麼這樣的一個傳統。所以當他說「上帝說有了光，就有了光」，「說什麼，就有了什麼」的時候，他們所想的任何一個東西，它有它的實體（substance），可以通過一個「概念」（concept）充分的去把握它，它是有本質（essence）的，是可以經由主體的對象化活動去符應的；或者說是可以爲主體所把握的。

我們這麼說又把基督教的傳統跟希臘哲學的傳統勾聯在一塊兒理解。「希臘的哲學」跟「基督教傳統」看起來差很遠，其實骨子裡有其可通之處。就整個西方文化的來源來說，大致可以說有三個：希伯萊宗教（後來發展爲基督宗教），羅馬法，以及

---

⑯ 關於「我與你」之理論，請參見馬丁・布伯（Martin Buber）『I and Thou』一書，又此與中國哲學之「一體之仁」有何可會通處，請參看林安梧《邁向儒家型意義治療學之建立——以唐君毅「人生之體驗續篇」爲核心的展開》一文，收入《唐君毅思想國際會議論文集》(Ⅲ)，頁125－140。

⑰ 關於「活生生的實存而有」一語，筆者這裡特別用來指的是「人」這樣的「存在」（existence），其意請參看林安梧《存有、意識與實踐——熊十力體用哲學之詮釋與重建》一書，第二章，頁20－29，國立台灣大學博士論文，一九九一年五月，台北。

希臘哲學。這三者有其共同的地方，它們都強調人與物，人與人，人與神是斷裂的（discontinuous）。大體來說，希伯萊宗教它安排了「神、人」的問題，羅馬法則安排了「人、己」的問題，而希臘哲學則安排了「物、我」的問題。這三者剛好互爲補充。這樣說來，你說希臘哲學是不是就不談到人與人的問題，不是的，我的意思是，它有它的重點。

因爲其爲「斷裂」，故其所強調在這個主體對外在客體（物）的把握，而不是主客相融爲一。那個超絕的存有，跟這個經驗世界的存有，是斷裂的，因而這便強調的是那個超絕的存有如何「創造」這個世界，並且如何地「拯救」這個世界，其實這個「拯救」也是另外一種「把握」。如果你對基督宗教有點了解，從韋伯（Max Weber）所寫的《基督新教倫理與資本主義精神》，你可以了解到喀爾文教派「預選說」（predestination）更清楚的把這個精神彰顯出來。⑱這是一個很值得我們思考，而且非常非常深的問題。當我這樣說的時候，並不意味著中國比較低，其實這裡頭只是代表了兩種不同的思路而已，各有各的限制，各有各的精彩。那麼在中國的宗教裡面，那超絕的存有與經驗世界的存有是和合爲一的，是相即不二的。具體的落實便從「仁」上說，順此便可以說「天命之謂性，率性之謂道，修道之謂教」⑲如此一來，當整個學問發展到陽明學的時候，他說「良知是造化的精靈」⑳，或說「無聲無臭獨知時，此是乾坤萬有基」㉑，其實就是把這個系統作了一個理論性的總結。

顯然地，諸如「解脫」、「救贖」這些觀念便不適合用於儒家這樣的宗教。沒有「彼岸」與「此岸」的對決，便沒有所謂的「解脫」，沒有「原罪」與「聖潔」的對決，便沒有所謂的「救贖」。相對於佛教的「解脫」、基督宗教的「救贖」，儒教當可以說是「成德」。「成德」並不只是個人之成就其自己而已，它指的是將全副的生命迴向整個生活世界，而去成就此生活世界中的每一個個我。這也就是如我們前面所說的，儒教的終極關懷並沒有將世界懸隔爲一超絕的與經驗的兩橛，而是就此活生生的生活世界之如何的潤化、成就而去說其終極關懷。在這樣的理解與詮釋之下，連帶的我們可以發現儒教所注重的是那源泉滾滾、沛然莫之能禦的內在本源，而不是超離

---

⑱ 關於此，請參看林安梧《理性的弔詭——對「基督新教倫理與資本主義的精神」》，鵝湖106期，頁24－30，一九八四年四月，台北。
⑲ 見《中庸》第一章。
⑳ 見王陽明《傳習錄》，卷下，頁227，商務印書館，民國五十六年四月，台一版，台北。
㉑ 見王陽明《詠良知詩》，收入《王陽明全集》，卷二十，外集二，頁384，河洛圖書出版，民國六十七年五月，台北。

於此世界之上的人格神。這樣的內在本源一方面是整個宇宙造化之源，而另方面則又是人內在的本心，是人之所以成就爲一個人的根源。

或許，我們可以更進一步經由「道成肉身」與「肉身成道」這個對比來彰顯中西方宗教哲學的異同。大體說來，西方的宗教傳統，是與其「言說的傳統」爲一致的，它強調的是「主體的對象化活動」，強調「超絕的」與「經驗的」這兩層世界是斷裂的，而不是連續的；因此須要有個「道成肉身」把它們連結起來。至於中國的宗教傳統，則與其「氣的感通傳統」爲一致，它強調的是「對象的主體化活動」，強調那「超絕的」與「經驗的」這兩層世界是連續的，而不是斷裂的；因此它們本來是通貫爲一個整體的，人雖爲一有限的存在，但此即有限而可以無限，人雖爲一肉身之軀的存在，然而即此肉身之軀即可以成道，此即所謂「肉身成道」。

五、「肉身成道」的教養與完成——「體用一如」、「體用不二」

孔子自述其爲學成道的歷程所謂「吾十有五而志於學，三十而立，四十而不惑，五十而知天命，六十而耳順，七十從心所欲不踰矩」㉒，這樣的一個歷程，其實就是

㉒　見《論語》〈爲政〉第二，第四章。

一「肉身成道」的歷程。他是在歷程中的，是在整個生活世界中的。大體說來，這是說：人的生命到了十五歲始能漸進乎學，因爲所謂的「學」並不只是技能之學，蓋學所以學爲道也，學是通極於道的，是故「志於學」，指的就是「志於道」。經由這樣的啓動點，而到達了三十歲，便能有所卓然自立。一般所謂的「三十而立」指的是「立於禮」，這是說人的生命已能進入到一方向的軌則之中。再經十年的鍛鍊，則能不競逐於物，而知其所止。所謂「四十而不惑」指的是人的生命已能知其所止，這是說這樣便能有一生命的確定性。再經過十年，才能識得大體，入於道，去體會整個造化之流行。所謂「五十而知天命」指的是能夠參與那根源性的整體之根源動力而開啓其造化的生機。這樣子再經過了十年，這個根源性整體之根源的動力逐漸入於人心之中，使得人能默識心通，涵受萬有。所謂「六十而耳順」指的是能默會於心，入於無分別相，而體會到本體。這是說生命之確定性已逐漸融化而成爲一圓融境界。最後，再經十年，能由此抽象之圓融境界，再落實而爲一具體的實踐，這就是所謂「惟聖人爲能踐其形」之謂也㉓。所謂「七十從心所欲不踰矩」指的是說本心即是天理，順此

㉓ 語見《孟子》〈盡心〉上，第三十八章。

本心就是合於天理，這也就是「率性之謂道」；這是由那生命之根源的整體如其所如的由自家的生命本體而發，而這自家生命的本體就是道德實踐的主體，它必然的要求落實於生活世界而自我完成。

如上所言，我們可以發現孔子是極爲注重生命歷程的，而這裡所謂的歷程當下又通極於道，又回到一根源性的整體之中，由這個根源性之動力而開啓的。換句話來說，歷程之爲歷程並不是在一奔赴中而已，更重要的是歷程的當下就是全副道體的顯現，這也可以做成這樣的理解，即所謂的「體用一如」、「體用不二」，「即體而言，用在體；即用而言，體在用」。若用現代的哲學語辭來說，我們可以說「存有是在此歷程中開顯的存有，歷程乃是此存有開顯而成之歷程。存有與歷程之於人的肉身成道的教養與完成來說，原來是不二的」。這樣看來，所謂的「肉身成道」分明指的是在一具有根源動力所澆灌而成的一個生活世界的涵化下，進而邁向一個人的生命歷程的完成。

或者，我們可以再以孔子所說的「興於詩、立於禮、成於樂」[24]繼續詮釋這個論題。「詩」所以興發志氣，開啓生命與整個世界之動源；「禮」則使得生命有確定性，能夠穩立於天壤之間，「樂」則是一調節性原理，使那有確定性的生命調適而上遂於道，圓融周浹於生活天地之間。興於詩、立於禮、成於樂，其實指的便是如何的讓自家的生命調適而上遂於道的發展歷程，而這樣的歷程並不是將自己隔離開來能得發展的，而是將自己置於整個生活世界與歷史社會總體中而發展完成的。換言之，這樣的一個「肉身成道」，它是即當下即其歷程，即歷程即其終極目的，即此岸即其彼岸，即現實即其理想。它是即身軀即生命，即生命即心靈，即心靈即整個天地的。它不分物我、不分人己、不分內聖外王，當下顯現，所謂「一日克己復禮，天下歸仁焉」㉕亦指的是如此。孔子所說「仁遠乎哉，我欲仁，斯仁至矣」㉖，所指的也是如此。當然，孔老夫子亦說「若聖與仁，則吾豈敢，抑為之不厭，誨人不倦而已」㉗，這句話就表層看來，似乎與前面二句話相違背，但若合著來看，我們可以說它正指的是當下的顯現，並不意味著就不須要長遠的努力，相反的，當下的顯現才眞能弘毅其志，才能以鞠躬盡瘁之心意，走那長遠的路程，曾子所謂「士不可以不弘毅，任重而道遠，仁以為己任，不亦重乎，死而後矣，不亦遠乎」㉘，所指亦可與此合參。

㉔ 見《論語》〈泰伯〉第八，第八章。
㉕ 見《論語》〈顏淵〉第十二，第一章。
㉖ 見《論語》〈述而〉第七，第三十章。
㉗ 見《論語》《述而》第七，第三十四章。
㉘ 見《論語》〈泰伯〉第八，第七章。

若關聯著前面所提及的「終極關懷」來說，我們可以再引孟子所說：

「孔子，聖之時者也，孔子所謂集大成也。集大成也者，金聲而玉振之也。金聲也者，始條理也，玉振之也者，終條理也。始條理者，智之事也。終條理者，聖之事也。智，譬則巧也。聖，譬則力也。由射於百步之外也，其至，爾力也，其中，非爾力也。」㉙

這是說孔子這樣的道德人格就在當下的時空中顯現，正如同那存有之道就在時間中開顯其自己，而這樣的生命乃是一集大成的生命，是一首完美而和諧的樂章，就好像「金聲而玉振之」一樣，這是由始至終這樣的終始條理的歷程。這亦指的是由於整個文化歷代累積而成的智慧，人們稟持著做爲整個生命開啓的起點，但重要的不只在這樣的開啓的起點，更重要的在於經由全副生命的努力，而善終其始，求其完成。這樣的「終極關懷」是在歷史文化傳統的孕育、在天地造化的護養、在生活世界的陶冶、在社會總體的依持下逐漸生發長養而成的。

像以上所講這樣的「成聖觀」，充極而盡，則如孟子所說「可欲之謂善，有諸己之謂信，充實之謂美，充實而有光輝之謂大，大而化之之謂聖，聖而不可知之之謂神」㉚，這是從生命的生長的特質長養起，在自我的理解與肯定下，而去開啓自家的生命，即此生命的本分充而實之，這就是所謂的「美」，而進而讓自家的生命能如陽光般的顯現其自己，此之謂「大」。進一步，這樣的「大」化於倫常日用之間，無所罣礙，此之謂「聖」。再者，生命只是如其道理的實現其自己，只是圓融一片，無所分別，此即所謂的「神」。顯然地，這樣的歷程是由當下的求其放失之心，歸返怵惕惻隱的良知本體，再加以保任、擴充、發展而完成的。肉身雖爲有限，但人的生命前瞻與發展的願欲，卻要求著無限，這無限的願欲爲道的總體的根源所本來具有，並求其邁向於道的根源性總體之中。賢、愚，智、不肖，人的稟性或有不同，但所具的成聖之可能是一樣的，因爲成聖之所以爲成聖乃是以自家的生命資具去成就其自己而已，這樣的成就其自己，能充極於整個大化流行的天地之間，能長養於整個生活世界中，便是所謂的「聖人」，如陽明所謂人之成爲「聖人」譬若眞金，雖成色分兩有所

㉙ 見《孟子》〈萬章〉下，第一章。
㉚ 見《孟子》〈盡心〉下，第二十五章。

異，但以聖人之爲聖人則無不同。㉛或許，我們可以說陽明的聖人觀將原先儒家的聖人以更爲落實的方式將它推展出來，平鋪的放在活生生的生活世界之中，這也無怪陽明弟子有「滿街是聖人」的體會了。㉜

六、儒教的異化與歸復——境界型態的圓、心性修養的圓、道德實踐的圓

順著以上的脈絡說來，我們要繼續去闡明儒教之做爲一道德實踐的圓聖之教。什麼是圓聖之教？我們先要解決這樣的一個問題。我們暫且用一對比的方式來講這個觀念。如果簡單的講，「斷裂」就是「離」，而這樣所成就的宗教姑可以名之爲「離教」。但是你通過另外一個角度來講，「離」就解除了咒術（disenchantment）。如瑪克斯．韋伯所說，我們可以藉這個詞來說，其實整個西方文化的發展，一直很努力在克服這個咒術的傳統，而眞正走出來。或者，早從「伊甸園神話」就可以很清楚的發現到所謂「解除咒術」的原型。人受了誘惑，吃了智慧之果而墮落，所以上帝把人逐出了伊甸園。因爲人被逐出了伊甸園，所以人開啓了人的世界，這是很重要的。

在中世紀以前，大概人很努力地希望通過各種方式，回到伊甸園，通過儀式，通過修行，通過各種方式。但是你可以發現到了啓蒙時代（Enlinghtment）之後，點燃

了人理性的亮光，對這個問題的理解開始改變。這個世界就是一個美好的世界，是一個自然的世界（natural world），它有自然的法則（natural law）。而這個自然的法則是上帝所造，人的理智可以認識這個自然的法則。而人做爲一個上帝所造的存有，是應該要符合於這個自然的法則去行事的。從某一個角度看起來這個有一點像中國人的思想，沒有錯，那時候正是中國思想剛好傳到歐洲的時候，像孟子的思想便是著名的例子。當然，我們不適合一廂情願的以爲孟子影響到了歐洲的思想，而造成文藝復興運動。不過，至少我們可以說，剛好有某些地方若合符節，不然孟子的思想就傳不

㉛ 關於陽明的「成色分兩」的看法，請參見楊祖漢《王陽明的聖人觀》，收入《儒家的心學傳統》，第六章，頁269－286，文津出版社印行，台北，一九九二年六月。

㉜ 按「滿街是聖人」一語出自王陽明《傳習錄》，卷下，原文是「一日，王汝止出遊歸，先生問曰：遊何見？對曰：見滿街人都是聖人。先生曰：你看滿街人是聖人，滿街人到看你是聖人在。又一日，董蘿石出遊而歸，見先生曰：今日見一異事。先生曰：何異？對曰：見滿街都是聖人。先生曰：此亦常事耳，何足爲異！」（商務版，頁255，民國六十三年八月台四版）就原文脈絡，滿街是聖人之說，原亦可嘉可喜，但陽明後學秉此話頭，而有所張狂也。又劉蕺山云「今天下爭言良知矣，及其弊也，猖狂者參之以情識，而一是皆良；超潔者蕩之以玄虛，而夷良於賊。」（見《劉子全書及遺編》，卷六《證學雜解》，頁十四，總頁113，中文出版社印行，1981年六月，日本京都）。作者此處所援用者爲其勝義下的「滿街是聖人」。

進去。

關於這個問題，吾人若做進一步的追索，你可以發現到西方人是要揚棄以前的想法。我們藉著剛剛講的伊甸園神話繼續來詮釋，它可能就變成是另外的，並不是人被上帝逐出來了，而是人把上帝封鎖在伊甸園裡。這個是不是有一點像尼采所說的上帝已經死了。類似這樣的方式，我們倒過來想這個問題，不是上帝造了人，而是人造了上帝，人造了一個無所不能而且能夠造人而且造了這個世界的存有，叫做上帝。這就是人把自己異化，在一個超絕的世界擺了一個圓滿的典型，做爲一個永遠的追求。像唯物論者，便有思想家做這樣的主張，在這主張的影響下它有了一個新的轉變。轉過來說，人做爲一個人在這個世界，強調人的人性（humanity），而這個具有人性而活生生的人進到這個世界，西方在這裡做了很大很大的翻轉。但這並不意味著西方就沒有其他的思想，其他的思想受了它的衝擊也就開始轉，存在主義的神學跟這個當然有很大的關係。其實它還是強調上帝就在你心中，上帝就是愛，而愛就在你心中，所以那個超絕的人格神已經開始內在化，成爲一個動能，其實那個動能就非常像孔子所說的「仁」的觀念，這是一個很大的轉變。所以當你去看存在主義哲學的東西，以及詮釋學的東西，你會覺得跟中國很接近嘛，這是西方哲學繞一個大圈以後走出來的，但是它們理論的背後還是不大一樣，這便牽涉到更複雜的問題，於此暫略不論。

如上所說，可見就「圓教」和「離教」這兩個觀念來講的話，西方現在正在轉變之中。依中國哲學的傳統看來，所謂的「圓教」要如何理解呢？圓與不圓，如何圓，這問題很麻煩。就理論上來說，天人不是斷裂的，而是連續的，是通統爲一個不可分的整體的，是一種圓環式的思考（circular thinking）下所構成的，是即歷程，即當下，即超越，即內在，這便是中國文化中「圓教」的特質。㉝大體說來，若通過整個歷史世界具體的實踐，而使其爲圓滿，這樣的圓才是眞正的圓，這是「道德實踐的圓」，而不是「境界形態的圓」；這是「道德實踐的圓」，而不是「心靈修養的圓」。我覺得宋明理學家儘管他們很強調道德實踐，但整個說來卻傾向於境界形態下的道德實踐，這是值得注意的。

如果我們把「道德實踐」跟「心靈修養」作一個對比。道德實踐的圓強調的是「士不可不弘毅，任重而道遠」「自強不息」，像這樣子在一個永恆的努力裡頭，而說其爲圓，它並不是「當下即是」的圓。宋明理學家很多很了不起的，但是這個地方難免是一的未中的。因爲他們處在一個「異化」的存在情境之下。什麼是異化？異化

㉝ 關於「圓教」的問題，其詳請參看牟宗三《圓善論》，第六章「圓教與圓善」頁243－305，學生書局印行，一九八五年七月，台北。

也者，西文所謂的「alienation」，根據我的理解簡單的講就是「not at home」，用中國以前的那個老話來說，就叫「亡其宅」，沒有了自己的家，成了一個流浪者，你回不到自己的家。㉞宋明理學家是在一個帝皇專制的高壓底下，人做爲一個人，其實不能夠那麼直接的做爲一個「活生生的實存而有」進入到這個歷史社會裡面，談所謂的「道德實踐」。由於有一些地方沒有辦法談，所以那個時候的「道德實踐」，它往往是比較往內收回去的，比較是境界型態的，比較是屬於心靈修養的。那種異化狀態所產生的實踐，就不是一個所謂朝向圓滿的實踐，它會把它作成一個境界型態的方式，而境界型態的就變成一種形而上的保存，它不能夠具體的、眞實的落實在人間世裡面，它很多事情不能處理，而且它忘了要處理。譬如說人做爲一個人爲什麼要隸屬於別人，主奴的關係早應該去掉了，君臣的關係早該變成是平行的、對列的，不是上下的、隸屬的關係。但是宋明理學家這個觀念不清楚，爲什麼不清楚呢?長久的帝王專制的傳統，你何以能冀望他們清楚，你苛求他們清楚的話，是用現代人的標準去要求古人。但是有一個很重要的地方，他用這種境界型態的方式而完成一種「形而上的保存」，而這個道德實踐的動力亦因之有了一個不同的轉向㉟。

如上所說，關聯著「斷裂」而成就的是一「離教」，關聯著「連續」而成就的則是一「圓教」，圓教之爲圓，有「道德實踐的圓」，有「心性修養的圓」，有「境界型態的圓」，這原本是通而爲一的，但後來卻有了異化與分隔。截至目前爲止，儒教之爲儒教，如何去克服此異化與分隔，眞正喚醒儒學的實踐意識，落實於一不休止的實踐歷程中，仍然是一刻不容緩的事情。儒教所強調的成聖，亦在此情況下，才能達到一充極而盡的圓滿，如此之聖，才能稱之爲「圓聖」。

㉞ 此處所述有關「異化」（Alienation）一詞，請參看 Wilfrid Desan『Marxist Semantics』一文，收入氏著《The Marxism of Jean－Paul Satre》一書，pp26－33，Anchor Books，U.S.A，並請參看洪鎌德著《馬克斯與社會學》，第五章、馬克思批判性社會學說——人性論，頁127－131，遠景出版社，台北，民國七十二年二月。

㉟ 關於此，請參見林安梧《實踐的異化及其復歸之可能——環繞台灣當前處境對新儒家實踐問題的理解與檢討》，收入《台灣·中國——邁向世界史》，唐山出版社印行，一九九二年八月，台北。

第三章　象山心學義理規模下的「本體詮釋學」

〈提要〉

本章首先面對象山所謂「學苟知本、六經皆我注腳」一語，深入的去考察，因而及於象山學的整個體系，豁顯象山學的整個生活世界，並點出所謂的「經典詮釋」是離不開此「生活世界」的。如此一來，我們可以更進一步探尋其理據，此即象山所提「心即理」這個心學的核心論題。「心即理」乃是一本體的實踐之理，它必然的展開其實踐，而實踐之所及是整個生活世界，在生活世界中「事、道、心」這三者構成了一「本體的實踐之圓環」（onto－practical circle）。針對此，筆者更而對於象山的本體實踐學作了一番展開，指出本體的實踐是攝持於本心，通極於道體的，並當體的呈現於生活世界之上。生活是一種詮釋，一種參贊，經典之詮釋即是生活，一方面通極於道，一方面亦攝持於本心的。它們構成了一「本體詮釋的圓環」（onto－hermeneutical circle），它指出：道體通過本心而開顯為經典文字，本心亦經由經典文字而契入道體。本體詮釋學方法之釐清對於宋明理學的研究是迫切而必要的。

一、問題的提出——從「六經皆我註腳」說起

1.「六經皆我註腳」一詞常爲非薄心學空疏的證據，實則此語隱含一重要的詮釋方法論，須予揭示。今人言及此語，大底忘了此語前尙加一條件語——「學苟知本」。換言之，以「學苟知本，六經皆我註腳」做爲一完整的句子來看，此是一條件句。「知本」是一先決條件，若不知本則「六經皆我註腳」一語便不能成立。然則如何才是「知本」此是問題關鍵所在?如何說「知本」便能「六經皆我註腳」則是另一關鍵性問題。

2.現且將象山此句話頭，還原擺置到其較大的語脈中來處理。按象山此句話頭，是《語錄》上（《象山先生全集》卷卅四）論及論語義理時所拖帶出來的話頭。其言曰：

「論語中多有無頭柄的說話，如『知及之，仁不能守之』之類，不知所及所守者何事。如『學而時習之』，不知時習者何事。非學有本領，未易讀也。苟學有本領，

則知之所及者，及此也；仁之所守者，守此也；時習之習此也。說者說此，樂者樂此。如高屋之上，建瓴水矣。學苟知本，六經皆我註腳。」①

這段話很清楚的可以看出象山學問是著重其「本領」的。「本領」不是技倆。也不是手段。本者，根本也；領者，首領也。本領者，蓋尋其首出之根源。故他說「如高屋之上，建瓴水矣」。學問而能透入此「首出之根源」故「六經皆我註腳」。換言之，六經亦祇是此首出之根源之灌溉與流布而已。

3. 除上述之語外，亦有他語極類似者，茲徵引如下：

「或問先生何不著書，對曰，六經註我，我註六經。韓退之是倒做，蓋欲因學文而學道；歐公極似韓，其聰明皆過人，然不合初頭俗了。或問如何俗了。曰：符讀書城南，三上宰相書，是已。至二程方不俗，然聰明卻有所不及。」②

這段話，一方面標明了其「六經註我，我註六經」的詮釋方法；其次則對韓愈、歐陽修提出批評，認爲他們二人雖是聰明，但卻落於凡俗，故起頭便倒做了工夫。所謂倒

① 見象山先生全集，卷三四，商務版，頁393。
② 前揭書，卷三四，商務版，頁397。

做工夫，當是指斥韓愈「文以載道」之說。韓愈提倡「文以載道」，並強調通過「文」以窺其「道」；象山顯然認爲該先契此「道」才能對「文」眞有所了解。因「文」乃是道之文也，而道絕非文之道也。「文」是顯現於外的，當以「道」爲根源，不務此根源而泥於「文」則是「俗」。（俗者，俗見；相對於眞知而言也）象山以爲至二程「方不俗」，不俗始可見道，見道始能敷布於文。然則象山所謂的「道」是什麼呢？

4.（甲）「道外無事，事外無道，先生常言之。」

（乙）「道在宇宙間，何嘗有病；但人自有病，千古聖賢祇去人病，如何增損得道。」

（丙）「道理祇是眼前，道理雖見到聖人田地，亦只是眼前道理。」④

就上所引述三條，（甲）似乎說的是「道事不二」或「道事相即」，而（乙）則說明了「道」是永恆的，且無病（弊），有病者爲人，而人之病，不能增損得「道」，「道」是獨立不倚的。（丙）則說明了即眼前是「道」。把這三者關連起來看，可知：道是永恆而周遍一切的，但它又是獨立不倚的，卻又是呈現在眼前的。

5.如前所說象山所謂的「知本」的「本」當該是「道」，而如上所說的「道」亦祇有些籠統的描述語，未能徹底說出「道」之內涵。不過，可以肯定的是「學苟知本，六經皆我註腳」及「我註六經，六經註我」二語已標明了象山學就其方法論而言，顯然是「全體論」（holism），在這「全體論」的方法論下，「我」和「六經」有一詮釋（註）的互動關係。再者，值得吾人去注意及發掘的字眼乃是這個「註」字，它透露了中國的「註疏傳統」所宜肯定的一個路向。

6.「註疏」並不同於理論的建構，也不是意見的辯議；註疏乃是一種脈絡的契入及生活的參與。註疏是將自己的生活世界（life world）和經典水乳交融起來的，或者說就將經典視爲一個生活世界。類似這樣的契入及參與當然不是理論的說，也不是分解的說，或者至少不是體系的說。抓住這個基本的特質將有助於吾人對於象山心學詮釋學的理解，亦有俾於對中國學問的詮釋方法論之疏清。

7.如前第5.條所述，我們既已說「學苟知本，六經皆我註腳」這個詮釋方式顯然是一種整體論的方法論（holistic methodology）。但須得區分的是雖是整體論的方法論，但卻不是本質主義的方法論（essentialistic methodology）⑤。筆者以爲這一點的

---

④ 前揭書，卷三四，商務版，頁393。

⑤ 就方法論的層面來說，Holistic 與 Essentialistic 常被視爲一體之兩面（如 Karl Popper 即如此看，見氏看 The Poverty of Historicism，Chapter 1，但儒學之詮釋方法論則不然，此當辨明）

講明是極爲必要的，因爲儒學許久以來常被誤認爲 essentialistic，但若如此看儒學則儒學將喪其主動性的原動力。之所以如此看儒學乃因忽略了儒學的「生活性」（生性與活性）而太著重於作爲一種學問性的儒學了。象山學顯然充實著（孟子云：「充實之謂美，充實而有光輝之謂大，大而化之之謂聖，聖而不可知之謂神」）這種「生活性」，把握住這個「生活性」乃是理解象山心學，同時是理解其「詮釋學」的法門。

二、「詮釋即是生活」——經由象山「生活化儒學」而來的論斷

8.儒學傳統的註疏性格充分的顯示了「生活性」，此於象山尤然。據年譜所云，他「幼不戲弄」、「靜重如成人」、「入學讀書，紙隅無捲摺」、「莊敬自持，心不愛戲」、「文雅雍容，衆咸驚異」⑥。象山氣質之能如此，大概與其家風有密切的關係。他生於一典型的儒教家庭，其父親道鄉公，「生有異稟、端重不伐，究心典籍，見於躬行，酌先儒冠昏喪祭之禮行於家，弗用異教，家道整者，著聞於州里」。他的家風是「不以不得科第爲病，而深以不識禮義爲憂，其慇懃懇切，反覆曉喻，說盡事理，無一毫勉強緣飾之意，而慈祥篤實之氣藹然。」⑦一個不用異教，一切以儒禮爲宗，並見於躬行的儒教家庭，這分明是以儒學傳承爲其生命根柢的，而且能夠「不以

不得科第爲病，而深以不識禮義爲憂」可見象山家傳的儒學不是爲了取功名利祿，不是爲帝王專制服務的「帝制式儒學」（imperial confucianism）⑧，而是通過體，涵化於生命，落實於人間，毫不勉強，又無緣飾，慈祥而篤實的「生活化儒學」（lively confucianism）。在這種生活化儒學的陶養之下，人如其人，通體自然，明達無礙，充實無歉，莊敬從容，出入自得。生活化的儒學是一如其所如的儒學，在這樣的實踐與體現過程中，它是宅其所宅（以仁心爲宅），路其所路（以義理爲路），故毫無

⑥ 前揭書，卷三六〔年譜〕，商務版，頁486～488。

⑦ 同⑥，頁485。

⑧ 西方漢學家太強調儒學與傳統政治的必然關連，而認爲所謂的儒學乃是一種「帝制式的儒學」（Imperial Confucianism）。此於韋伯（Max Weber）的"Religion of China"（儒教與道教）中即做如是觀。但這無異是一種片面的誤解，宋明儒學大體是反對這種「帝制式的儒學」，他們極強調儒學之爲儒學乃是一種自得之學，爲己之學。當然，程朱一派較有智識化的傾向，可以說是使得儒學有成爲一種「智識化儒學」（intellectulized confucianism）的意味，而陸王則強調一種「生活化的儒學」（lively confucianism）。但整個說來，程朱派也很注重生活化的，他們仍極爲強調踐履的工夫，不過他們的「生活化」方式，卻與陸王不同。

「異化」（alienation）與「宰制」（domination）的情況發生。⑨（就此生活化的儒學乃是一值得在當代社會發揚的儒學）

9.此可以從象山自幼即面臨的一個終極性問題窺出端倪。據年譜云「……先生四歲，……一日忽問天地何所窮際，遂深思，至忘寢食」⑩又云「先生十三歲志古人之學。先生自三四歲時，思天地何所窮際，不得，至於不食，宣教公叮之，遂姑置，而胸中之疑終在。後十餘歲，因讀古書至宇宙二字。解者曰，四方上下曰宇，往古來今曰宙，忽大省曰：元來無窮，人與天地萬物，皆在無窮之中者也。乃接筆書曰：宇宙內事乃己分內事；己分內事乃宇宙內事。又曰：宇宙便是吾心，吾心即是宇宙；東海有聖人出焉，此心同也，此理同也；西海有聖人出焉，此心同也，此理同也；南海北海有聖人出焉，此心同也，此理同也。千百世之上，至千百世之下，有聖人出焉，此心此理亦莫不同也；故其啟悟學者，多及宇宙二字。」⑪

這可見象山以「宇宙」爲其終極性的問題，這問題困惑了象山年幼的心靈幾有十年之久，而豁然貫通焉，則得出了「宇宙即是吾心，吾心即是宇宙」以及「心同理同」的斷語。這兩個斷語即是象山學之精粹所在、血脈所在。當然就此而言，吾人仍看不出象山是通過如何的學問方法（或者工夫）來做成這樣的論斷的；但從這樣的論斷，我們卻可以清楚的掌握到象山心學的本源，是以「宇宙爲問題，心靈爲歸依，道理爲軌持」的。這樣的學問明顯的是一種「簡易」之學，而不是「支離」之學，乃是「直截明白」之學⑫，這樣的學問是經由「生活化」的存在體驗而得的，而且是直指本源的。

---

⑨ 宰制（domination）及異化（alienation）是晚近社會哲學最常出現的兩個概念。大體而言，異化指的是 not at home（亡其宅），此多由宰制所引起。宰制指的是爲一客體物所控，而此所控之客體物是外於人的，它生出一强大的勢力（force）而使人屈服於其下。社會哲學省察之所以會有這些問題，大體是將人視爲一個 social being 來處理。但「生活化的儒學」由於通過一種「生活的工夫」（工夫即是生活，生活即是工夫；即此工夫便見了本體）而涵化了天地萬物，故無所謂的宰制與異化。社會學家將人視爲 social being，而採取一外在的，制度的解決；而儒學則認爲人乃是一個 moral being（或者說是一 creative being），由於人的 moral creation（參贊化育），此是一主體、內在的解決。

⑩ 前揭書，年譜，商務版，頁487。

⑪ 前揭書，年譜，商務版，頁489。

⑫ 同⑪，年譜又謂「是年復齋因讀論語，命先生近前問云。看有子一章如何。先生曰：此有子之言，非夫子之言。復齋曰：孔門除卻曾子便到有子，未可輕議。先生曰，夫子之言簡易，有子之言支離。復齋嘗於窻下讀程易（程氏易經），至艮其背四句反覆頌讀不已，先生偶過其前，復齋問曰：汝看程正叔此段如何？先生曰：終是不直截明白，艮其背，不獲其身，無我。行其庭，不見其人，無物；復齋大喜。」。

10.這種直指本源的工夫乃是一種「覺」的工夫，象山自幼即如此。據其兄梭山云「子靜弟高明，遇事逐物，皆有省發。嘗聞鼓聲振動窗櫺，亦豁然有覺，其進學每如此」。

又「見先生觀書，或秉燭檢書，最會一見便有疑，一疑便有覺。後嘗語學者曰：小疑則小進，大疑則大進。」⑬

可見「覺」的工夫乃是具體的、存在的一種生命感應。所謂的「即疑即覺」可見象山資稟甚偉厚，眞所謂「才念即覺、才覺即化」，率皆「一心之朗現、一心之申展、一心之遍潤」爾⑭。這樣的方式是將宇宙一切視爲吾心之全體大用，吾心之全體大用乃是此理所充周遍在；因此任何一具體之存在物（事）都是根本於宇宙之源頭—道，而且即根源於吾心的；換言之，任何存在物都依持於一存有（道），並且是「存有」（道）的開展與朗現，而人心之「覺」即能通過此存在物（事）之象徵（徵符）而契入此存有（道），並且得由此道之契入而朗現此象徵（徵符）之物（事）。這樣的讀書是「書非貴口誦，學必到心齋」，這樣的做法是在「人情事勢物理上做工夫」，而即使應舉也就能「未嘗以得失爲念，場屋之文，只是直寫胸襟」⑮而已。籠統的說，這樣的方法即所謂的「體驗」。

11.「體驗」乃是一種「存在的經驗」（existential experience）也是一種「本體

的經驗」（ontological experience）。就其爲存在的經驗而說的「體驗」即是親知，即是具體而存在的感通；就其爲本體的經驗而說的「體驗」乃是上遂於道體，並由道體而照明（或流出）之者。換言之，體驗乃是「驗之於體」，且「以體驗之」這兩個活動的互動與交流。

12.「體驗」之「體」是就「道體」說，而依心學義理，道體即是性體，即是心體；而「體驗」之「驗」是相對於「體」而言之「用」。體驗是「即體而言，體在用」（即是本體的經驗（ontological experience））；是「即用而言，用在體」（即是存在的經驗（existential experience））。體驗一詞蓋「以體驗之，體在驗」（ontological experience），「驗之於體，驗在體」（existential experience）之謂也。

13.就「體驗」之範圍而言，則古往來今（宙）、上下四方（宇）皆屬之，故「宇宙內事皆己分內事」。就「體驗」之終極歸趨而言則「道外無事，事外無道」，「道

⑬ 前揭書，年譜，商務版，頁488。

⑭ 見牟宗三《中國哲學的特質》，《中國哲學十九講》。又牟氏以爲「仁以感通爲佳，以潤物爲用」（特質，頁30）。

⑮ 前揭書，年譜，商務版，頁490～491。

體」當可屬之。就「體驗」之發動處即是心靈（本心），所謂「人情事勢物理上做工夫」即是此本心之「覺」的工夫。就「體驗」之所及的範圍（宇宙）之軌持者而言即是「理」。依心學而言，此心即理，理之為，持義是心之所呈現的（所呈現非是所給出的，也不是所把捉的），既已呈現即有軌持之作用。就心學之終極的攝持而言則是「本心」，故可歸結而說「一心之朗現，一心之申展，一心之遍潤」。

14.如上所述，所謂「生活化之儒學」乃是攝持於本心的儒學，亦即是體驗之儒學。此儒學一方面其所涉及之範圍是整個「生活世界」，而其所謂的「生活世界」不是機械而死板的世界，而是一生機洋溢，鳶飛魚躍的世界；而其為生活並不是一般所謂的生活。蓋生者，源泉滾滾，不舍晝夜，日新又新之謂也；活者，無所僵滯，淋漓周浹，旁通無礙之謂也。其所以創生不息（生），其所以靈活無礙（活）蓋攝持於心體，光明而洞達，遍潤而周至者也。

15.總之，所謂「生活化的儒學」乃是一「體驗的儒學」。「體驗」則正說明了一種總持於心體的詮釋方法。就此而言，吾人實可斷言「詮釋即是生活」（亦可說生活即是詮釋）。

三、「心即理」——「詮釋即是生活」背後的義理規模

16.如第二節所做之斷語——「詮釋即是生活」（生活即是詮釋，詮釋與生活不二，詮釋與生活合一）。此斷語背後實隱含著象山「心即理」的理論。

象山之「心即理」是相對於朱子之「性即理」及「心是氣之靈」而言的。「心即理」意謂「本心即是天理」，「本心、天理不二」，其所以不二，乃因所謂的天理正是所謂的實理，而「實理」祇是「實事」，「實事」祇是「實行」，所謂的「實行」乃是由此本心而發，充塞宇宙，推而擴充之的實踐行動。象山云：

「萬物森然於方寸之間，滿心而發，充塞宇宙，無非此理也」⑰

值得注意的是此所謂的「森然於方寸之間」並不是靜態而橫攝的涵具於心中，換言之，不是認識論意義的涵具於心中。故象山云「滿心而發，充塞宇宙」這種所謂的「發」當然不是認識的行動，而是一種根源於本心的行動，這種道德實踐意義的涵，依象山看來即是本體論意義的涵。正因如此，象山更接著說「孟子就四端上指示人，又得此心昭然，但能充此心足矣。乃誦誠者自成也，而道自道也，誠者物之終始。天

---

⑰ 見象山先生全集，語錄，卷三四，商務版，頁423。

地之道，可一元而盡也」⑱。顯然的，所謂的「心」，象山於此是通過孟子的四端來詮解的，四端乃是惻隱、羞惡、辭讓、是非，乃是仁義禮智諸德實踐的發動處。這可見象山所著重的「理」不是「虛理」，不是人心認識所成之理，而是本心實踐所成之理，此即是所謂的「實理」。

象山即此而強調「宇宙間自有實理，所貴乎學者，爲能明此理耳。此理倘明，則有實行；有實事實行之人，所謂不言而信」⑲。又謂「做得工夫實則所說即實事；不話閑話，所指人病，即實病」⑳。又謂「天秩、天叙、天命、天討，皆是實理」㉑如是看來，所謂的實理一方面是根源於道德實踐的，此即是所謂的「實踐之理」；而另一方面則是指根源於實體的，即所謂的「實體之理」。實體之理與實踐之理乃是同一個理。我們或許可以合稱之爲「本體的實踐之理」（onto－practical reason）。

17.相對於象山這種「本體的實踐之理」（onto－practical reason），則吾人可以說朱熹所說的「性即理」乃是一「本體的認識之理」（onto－cognitive reason）。

本體的認識之理是通過「涵養須用敬，進學在致知」，這種「格物致知」、「主敬存養」的工夫而證成的，這裡隱含著一知識與道德的辯證性結構㉒；而本體的實踐之理則是通過「人情事理上」當下即是的實踐工夫，所謂「道德只在眼前，雖見到聖人田地，亦祇是眼前道理」㉓這種「即事言理」，「即理體事」的實踐工夫，是以廣大的生活世界為背景的，而且是上遂於一生活化的道德實體的，此實體就其究竟而言即是道（象山或有以「皇極」、「上帝」、「天」等語表之者），而就人之發動處言即是所謂的本心（象山或以「覺」、「仁」等語表之者）。

18.「本體的實踐之理」乃是本體之理與實踐之理通極為一者，就象山心學系統而言，彼雖有將此本體之理收歸實踐之理的傾向，但據實而言，彼仍以本體之理為一切之總攝也㉔。象山曰：

「道攝宇宙，非有所隱遁，在天曰陰陽，在地曰柔剛，在人曰仁義」㉕。

---

⑱ 同⑰。
⑲ 前揭書，卷一四，與包詳通，商務版，頁179。
⑳ 前揭書，卷三五，語錄，商務版，頁461。
㉑ 前揭書，卷三五，語錄，商務版，頁四468。
㉒ 關於朱子的看法，見拙著《知識與道德之辯證性結構——對朱子學的一些檢討》〈思與言〉，第二二卷，第四期，一九八四年十一月）。
㉓ 同①。
㉔「總攝」是就道體說，此與前面筆者所說之「攝持」不同，「攝持」乃就心體說。此當分辨。
㉕ 象山先生全集，卷一，與趙監，商務版，頁9。

分明象山將道做爲整個宇宙的總攝體，而就其三極而言陰陽、柔剛、仁義。而所謂的仁義依象山說來即是本心㉖，而本心又是宇宙㉗，宇宙又爲道所攝，故吾心即是道。

仁義是本心，此是從道德實踐來說的本心，而所謂「滿心而發，充塞宇宙，無非此理而已」此是從此本心之推擴充極而盡的來說。如此來說，則道亦未有外乎吾心者。吾心之所注則是事，而事外無道，道外無事。

事、道、心三者形成一個「圓環」（circle）我們可以說這樣構成的圓環乃是一「本體的實踐之圓環」（onto－practical circle）。這個本體的實踐之圓環是在生活世界中展開的。

19.象山雖不若陽明之歸極於良知，並不以此爲萬物生化之眞宰（陽明詠良知詩云「無聲無臭獨知時，此是乾坤萬有基」），但顯然的他已指出了一個方向，他將天地宇宙一切收攝到道德實踐上來說，故而主張宇宙一切攝持於本心。（總攝於道，而攝持於心。「總攝」是就理論之總體而言，「攝持」則有存在的實義）。這種強調一切攝持於本心的「本體實踐的儒學」（onto－practical Confucianism）使得儒學免除了政治宰制及智識異化的各種可能，這是儒學最富生機的嶄新力量。

20.如第18.條所說，事、道、心三者構成一本體實踐的圓環。這三者之間的「事」

即是所謂的人之日用處（象山云：「聖人教人祇是就人日用處開端」），即此日用處便是入道之門。而所謂的發心並不是先存個心去對待，去把捉然後才得發。發心直是本心的朗然呈現而已，其發心處便是理，而理則不外於事；再者，此「理」實即「道之開展」（亦是心之所發）。「道」是就其總攝而言，若祇言「道」這祇是言語之表詮，亦可說祇是「虛說」，但「道外無事，事外無道」道事爲一，即事而言道，則此便不祇是言語之表詮，而是指向實踐之事，故此是「實說」。

象山即秉此「實說」之道而論「一陰一陽之謂道」，論「太極」。道不祇是「陰陽」，亦不祇是「所以一陰一陽」，因爲一言「道」則是「一陰一陽」，而「一陰一陽」就是實著說的一陰一陽，它指的是一本體宇宙論的開展力與創生力。換言之，陰陽不是兩個不同的材質（不是如朱熹所說的）而是兩個動勢，這兩個動勢是相對而互含的，辯證而和諧的㉘。即此而言就是太極。「太極」依象山看來，並不是「虛字」

㉖ 同㉕，象山之「仁義者，人之本心也」。

㉗ 前揭書，象山之「宇宙即吾心，吾心即宇宙」。

㉘ 關於「一陰一陽」的問題，筆者以爲王船山的「兩端而一致」的說法才解決了這個問題，可謂繼朱陸之後的思考與發展。參見拙著《王船山人性史哲學之研究》第四章〈人性史哲學的方法論〉第四節，「『兩端而一致』對比辯證的思維模式」，頁71～95，東大圖書公司，一九八七年台北。

（形容詞，形容其極至的意思），而是「實字」㉙。這實字的意義則歸本於人的「本心」，本心是實理實事，是日用處的開端，故不可云「無極」。象山與朱子的爭辯非如一般和事佬的學者以爲是各有偏重，實則會歸一處；其實從他們的爭辯，正清楚的顯露了兩者的大分別所在。㉚

21.事、道、心三者所構成的本體實踐的圓環則可以約之而爲兩端，此即「理」與「心」。言「理」則可涵蓋「道」與「事」。就「道」而言則是道之理，道之理是本體之理，是形而上的實體之理。就「事」而言則是事之理，事之理是存在事物之理，是形而下的實際之理。實體之理與實際之理俱是「實」，它們是相即不二的，是互融而周浹的，而此之所以爲「實」蓋皆繫屬於人之「本心」也。（此即陽明所說的「有心俱是實，無心俱是幻」，此是承體而言用也）但是值得注意的是，本心之發露是應幾而顯，直是朗然呈現，毫無做作，毫無矯飾，而祇是「實」。（此即陽明所說的「無心俱是實，有心俱是幻」）。

歸結來說，事、道、心這三者所構成的本體實踐的圓環（onto – practical circle），即可約之爲理、心這二端所構成的本體實踐的互動（onto – practical interaction），而最後則可攝持於一，此即「本心」。象山所謂「滿心而發，充塞宇宙，無非斯理」，所謂「吾心即宇宙，宇宙即吾心」其斯之謂歟！吾人亦可說此攝持於一，所歸向的「本心」即是「本體實踐的主體」（onto－practical subject），言其「圓環」蓋可顯示生活世界之參贊也，言其「互動」蓋可顯示事理與本心之交注也，言其「主體」則可顯示其爲創造之眞宰也。

四、本體的實踐學——由「心即理」而致的工夫論

22.如第三節所述，我們講明了事、道、心三者所構成的圓環，亦講明了理、心二者所構成的互動，並突顯了其最後的歸趨——本心。而這樣的豁顯實則皆必須以廣大的生活世界爲基底，由此才可以談一眞正的「本體的實踐」。換言之，本心之發露處即在當下（here and now），即此當下便是道，然此當下之「見道」並不是佛道之道，

㉙ 象山與朱子書《太極圖說》（第二書）云：「字之指歸，又有虛實。虛字則但當論字義。實字，則當論所指之實。論其所指之實，則非有字表所能拘者」。象山所重的正是「實義」。

㉚ 關於象山與朱子的討論一般而言有兩個層次：一是本體的層次，此即是「無極而太極」與「太極」之辨；另一則是工夫的層次，此即是「道問學」與「尊德性」之辨。而一般喜做和事佬的學者大體都寡頭的直就工夫論上去求融通，而忽略了兩者於本體論上有根本的不同。實則不論其工夫與本體，此二層次的問題則可從其中有關「中和」問題的了解上來說。此問題極細膩繁複，於此略不辨。

而是儒家之道，如年譜所載有關「斷扇訟」的故事可見一斑。今述如下：

「乾道八年，壬辰，先生三十四歲。……四明楊敬仲時主富陽簿，攝事臨安府中，始承教於先生。及反富陽，三月廿一日，先生過之。問如何是本心。先生曰：惻隱，仁之端也；羞惡，義之端也；辭讓，禮之端也；是非，智之端也。此即是本心。對曰：簡兒時已曉得。畢竟如何是本心，凡數問，先生終不易其說，敬仲亦未省。偶有鬻扇者，頌至於庭，敬仲斷其曲直訖。又問如初，先生曰：聞適來斷扇訟，是者知其是，非者知其為非，此即敬仲本心。敬仲忽大覺，始北面納弟子禮。故敬仲每云，簡發本心之問，先生舉是日扇訟是非答簡，忽省此心之無始末，忽省此心之無所不通，先生嘗語人曰：敬仲可謂一日千里。」[31]

從這段文字記載中，吾人可以看出就本心之內涵而言，依孟子之指點乃所謂的側隱、羞惡、辭讓、是非這仁義禮智四端；就知解的層次來說，楊簡（敬仲）兒時於此已曉得，但這樣的曉得根本不算數的，因爲尚未進到楊簡腦子裡；以是之故，楊簡反覆問之，然象山亦祇能做如是答，但終不能使楊簡領悟。換言之，祇是知解的，本心是不可能發露的，亦不可能見道的；但在一存在的境域中，當下的道德實踐即是此本心的發露，此即是一「本體的實踐」，象山即於此「本體的實踐處」及「本心的發露處」指點，使楊簡眞能悟此本心眞宰。很明顯的，我們可以看出所謂的「本心」並不是抽象的理論，而是存在的呼應，是具體的實踐。這種存在的呼應及具體的實踐端在於人心之「覺」，我們亦可以說是生命對於存在物的感通，以及對於本體（天道）的感動；對存在物的感通，同時是對本體的感動。

23.這種「存在的感通及本體的感動」之工夫似乎頗似禪宗之「如水冷暖，飲者自知」；但實則不然。因爲禪宗之悟是要頓見眞如本性，要見自性涅槃，此是 struggle for nothingness，但是象山的心學是要悟見本心，本心即是仁義禮智四端，此是 struggle for moral reality。由於最後所要悟證的「體」不同，故其工夫亦有所不同。直將象山之學視爲禪，這是不道地的，是寡頭的見其工夫，而未見其本體之所致。

24.依象山看來，要契得本心，須先立志，立志即在義利之辨。義利之辨即在公私之辨，此亦是人禽之辨。象山所謂「人須是閑時大綱思量，宇宙之間，如此廣闊，吾身立於其中，須大做一個人」㉜。此大綱思量，象山屢次提到。（按此相當於陽明所說之「識個大頭腦」）。大綱思量而能先立乎其大，既先立乎其大，則小者不可奪。如此一來，它便具有「決裂破陷阱，窺測破羅網」的力量，一旦「誅除蕩滌」，自能

㉛ 象山先生文集，卷三六，年譜，商務版，頁494。
㉜ 前揭書，卷三五，語錄，商務版，頁442。

潔，則奮發立不得」，若「田地不淨潔，亦讀書不得」，此等讀書，則祇是「假寇兵，資盜糧」㉞。

25.顯然的，象山所謂的打疊田地淨潔是一種「剝」的工夫（是一種掏空的工夫，惟其掏空才能「虛室生白」），但這「剝」的工夫並不是消極的，它實已積極地隱含了一個「復」的工夫。因爲如果「剝」的工夫，若祇是消極的話，那麼將會導致如象山所謂的「人心只愛去泊著事，教他棄事時，如鶻孫失了樹，更無住處」㉟。換言之，教他無事時，並不是無我，不是無住處。然則此住處爲何？

26.象山一再的強調「無事時，不可忘小心翼翼，昭事上帝」㊱。小心翼翼者，言其敬也。上帝者，言其道體眞宰也。無事者，言心無所對待也。心無所對待則當歸於寂，但此寂並不是空無之寂而是回到道體之自身，道體之自身（眞宰）即所謂之上帝。人並不是對待此上帝，而是通過敬的工夫歸回此上帝，歸上帝則人之本心與道體合一而俱是寂。

象山於此體會甚深，而他即於此而言涵養。涵養者，涵養本心也。涵養本心即是小心翼翼，昭事上帝。此二者即是同一事。換言之，道德實踐主體的涵養乃是通過對於那形而上的道體之禮敬而來。依心學義理，形而上的道體是至善圓滿的—此如同康

德（Immanuel Kant）所謂的「最高善」。對於最高善的禮敬即是本心之涵養。㊲

27.依「敬」而言「寂」，則其寂不是「空寂」而是「敬寂」。「空寂」是一空無之寂，或是死寂，云死寂者，言其無創生性，無開展性也。「敬寂」則是「即寂即感」的，故象山云「我無事時，只似一個全無知無能底人，及事至方出來；又卻似個無所不知，無所不能的人」㊳。無事則歸本於寂，寂祇是敬，祇此敬事上帝而無知無能，無知無能亦言其寂也。事到則感，感非是繫屬於物，非是為物所縛之感，而是本心之感，本心之感是由「敬」而發出的「感」，這樣的「感」是一種具體而存在的呼應，這呼應乃是由本體通向具體事物的，它不是一種認識，是指向實踐。此即是前面吾人所說的「本體的實踐」（ontical practice）。

㉝ 前揭書，卷三五，語錄，商務版，頁455。
㉞ 同㉝，頁467。
㉟ 同㉝，頁458。
㊱ 同㉝，頁459，象山類似這樣的講法甚多，如頁452，即又有兩條述及此。
㊲ 就此而言，頗可見象山心學的宗教性。儒學雖攝宗教於人文，但並不是拋棄宗教；而且他提昇人文而達於宗教的境地。或者我們可以說它是即宗教即人文的。
㊳ 前揭書，卷三五，語錄，商務版，頁459。

28.大體說來，象山之心學工夫論，就本心之發露處而指點，這是簡易工夫，就其剝落至極，此是祛除心蔽的工夫；而又強調悠遊讀書，此是涵養工夫㊴。仍須強調的是，這樣的工夫論是以廣大的生活世界爲背景的。筆者以爲年譜五十歲所記載象山先生於應台山（後改名爲象山）講學最能表達出這種本體實踐的生活化儒學，茲引述如下，並疏解之。

「先生從容講道，歌詠愉愉，有終焉之意。馮元質云：先生常居方丈，每旦，精舍鳴鼓，則乘山蕎至，會揖陞講坐，容色粹然，精神炯然。學者又以一小牌書姓名年甲，以序揭之，觀此以坐，少亦不下數十百，齊肅無譁。首誨以收斂精神，涵養德性，虛心聽講，諸生皆俛首拱聽，非徒講經，每啟發人之本心也。間舉經語為證，音吐清響，聽者無不感動興起。初見時，或欲質疑，或欲致辯，或以學自負，或有立崖岸自高者，聞誨之後，多自屈服，不敢復發其有。欲言而不能自達者，則代為之說，宛如其所欲言，乃從而開發之；至有片言半辭可取，必奬進之，故人皆感激奮礪。平居或觀書、或撫琴。佳天氣則徐步觀瀑，至高誦經訓，歌楚辭，及古詩文，雍容自適。雖盛暑，衣冠必整肅，望之如神，諸生登方丈請誨，和氣可掬，隨其人有所開發，或教以涵養，或曉以讀書之方，未嘗及閑話，亦未嘗令看先儒語錄，每講說痛

快，則顧傅季魯曰：豈不快哉？」㊵

就上所錄這些文字，從第一小段可看出象山先生講學的容顏精神，所謂「容色粹然，精神烱然」、「從容講道，歌詠愉愉」，此全從道體流出，自然渥沐，毫無勉強，直是天籟。於此我們看到道在一個具體存在的人格上朗然而現。講道歌詠，全是道，而此即是生活，通過這樣的生活來詮釋儒學，而且亦通過這樣對儒學的詮釋來生活。

第二小段，首先指出象山教人的法門。「收斂精神」即是回復本心，自作主宰。「涵養德性」即如前面第26條所謂之「敬寂」（無事時，小心翼翼，昭事上帝）工夫。而「虛心聽講」的「虛心」乃是一剝落的工夫，唯盡了此剝落的工夫，才能剝極而復。「聽講」並不是灌輸，而是「復」的工夫，亦即是此心之朗現、申展的工夫。換言之，此三個工夫都是指向本心的，即所謂「啓發人之本心也」。正因象山的人格全幅是本心的朗現與彰顯，也因此「音吐清響，聽者無不感動興起」。尤其「音吐清響」四字正顯示其天籟道音。

㊴ 侯外廬等所編之《宋明理學史》上卷，即作如是說，見氏著，頁569。又牟宗三所著《從陸象山到劉蕺山》，對陸象山大體亦作如是觀。這可以視爲陸象山心學工夫論的共見。

㊵ 象山先生文集，卷三六，年譜，商務版，頁509。

如象山這般的粹然、烱然，從容愉愉，自是毫無罣礙，故初學者儘管你質疑致辯，或崖岸自負，但一旦契入其生活脈絡中，自能由此生活之詮釋而上遂於道，油然興起，正因如此，故「人皆感激奮礪」也。

第三小段則將象山平日生活寫得淋漓盡致，觀書撫琴，徐步觀瀑，誦經訓，歌楚辭，讀古詩文，一切皆雍容自適，自然中道。所謂「自然中道」並不是擬個心去符合道，而直是道之朗現與開顯爾，故爾「衣冠整肅，望之如神」，他的神情一直是和氣可掬，他祇是隨其人有所開發而不泥於文字。涵養心體，悠遊讀書，都祇是從容，都祇是「一心之朗現，一心之申展，一心之遍潤」。

29. 做了以上那樣的勾勒，我們會很清楚的體受到象山所謂「今天下學者有兩途，惟朴實與議論耳」所指爲何；而所謂的「朴實」乃是「先復其本心，以爲主宰，既得其本心，從此涵養，使日充月明。讀書考古，不過欲明此理，盡此心耳」。根源於本心道體，發而爲實踐，即是所謂的「朴實」，而這亦即前面筆者所述及之「本體的實踐」。這種「本體的實踐」一意本源，而不以文字爲礙，他是通過一種「血脈上的感動」，直接洞入生命根柢，使其生命生化活化，整個生命生化活化，祇是道之朗現開展，故能「終日不倦，夜亦不睏」而且「早起精神，愈覺烱然」；這正如象山自己所說的「家有壬癸神，能供千斛水」㊶，是「滿心而發，充塞宇宙，無非此理」，是「以仁發明斯道，渾無罅隙」，是「十字架開，更無隱遁」㊷。

總而言之，本體的實踐是攝持於本心，通極於道體的，而且它當體的呈現在萬事萬物之上；這樣的實踐方式是與整個生活脈絡渾融爲一的。生活即是一種詮釋，生活即是一種參贊，上天下地，行雲流水，讀書做事，無非是本心之朗現，無非是道體的流出。生活的詮釋，道體的參贊，無時不刻不是即寂即感的。

五、結論——本體的詮釋學之豁顯

30. 經由以上各節的闡釋，很明顯地，這可以指向一「本體的詮釋學」（onto－hermeneutics）之建立。

本體的詮釋學與本體的實踐學是不二的，它們都攝持於本心，通極於道體，呈現於萬事萬物（或經典文字）。而最重要的是與整個廣大的生活世界融合周浹，毫無罣

㊶　同㊵，頁510。

㊷　前揭書，卷三四，語錄，頁396。

凝。生活世界不但是道體開顯之場，亦是本心朗現之場。道體的開顯與本心之凝聚而成的具體表現，人即得由這個具體的文字經典來彰顯那個道體，亦得喚醒本心。道體的彰顯與本心的喚醒是同時的。

31. 如此說來，所謂的「學苟知本，六經皆我註腳」實正充分地顯示了這種「本體的詮釋學」。它指出所謂的「學」乃是直入根源血脈，直探其本體的。所謂的直探並不是空蕩蕩的寡頭的說直探而已，「直探」是當下即是，是當機發露，是經由一種具體的實踐，存在的實感，經由經典文字的脈絡而契入道體，喚醒本心的。一旦契入道體，本心發露則自然朗現，而一切經典文字亦都祇是道體之流行，一方面指出本心的呈現；更重要的是「註腳」一辭指出了人對道體的參贊，這是一種經由詮釋活動而來的參贊。這樣的活動當然不是片面的，不是局部的；它是全面的，它是整體的。（前面第一節第5條即指出這是一種「整體論的方法論」乃是就此來說的）。但這樣的活動又是具體的，又是存在的，它不是普遍的，不是抽象的；它正告訴我們由一種實感而契入一整體的脈絡，這個契入的過程是即詮釋即創造的。換言之，它投入了一生活的世界（經典的生活世界或實際的生活世界），詮釋了生活世界，而且創造了生活世界；它並不是去把抓某個智識理論或學問的本質。（正因如此，故筆者在前面第一節第7條便強調它並不是一種本質主義的方法論）。

32.「學苟知本，六經皆我註腳」一語實說出了「本體的詮釋學」所隱含的三端，一是道體（本），二是經典文字（六經），三是本心（我）。這正如前面第三節第20.條所論及「本體的實踐學」所涉及的三端，一是道體，二是萬事萬物，三是本心；這三端在本體實踐學中構成一種圓環的關連，可稱爲「本體實踐的圓環」（onto－hermeneutical circle）一方面道體通過本心而開顯爲經典文字，一方面本心則由經典文字而契入道體。

由於象山心學強調本心道體通極爲一，故構成「本體詮釋的圓環」這三端可約之爲兩端，此即「本心與經典文字」（即「我與六經」的關係）。象山即謂「我註六經，六經註我」，這已淸楚的顯示這二端並不是截然分立的二端，而是對比且相灌注及參贊的二端。「我註六經」意謂我以我全幅的生命精神去參贊六經，灌注六經，使六經朗現在一鳶飛魚躍的生活世界之中；「六經註我」意謂朗現在此鳶飛魚躍的生活世界之中的六經可以豐富我的生命，長養我的精神。「我註六經」與「六經註我」正顯示了本體詮釋學的互動關係，這樣的互動則總攝於道體，而且攝持於本心的（前者重其存有義，後者重其活動義）；由於心學特別重視本心的活動，故這本體詮釋學的互動則指向於「本心」，此即「本體詮釋學的核心」。

33.依象山義理來說詮釋活動並不是理論的認識與知解，而是本心的實踐與道體的契悟。換言之，「本體的詮釋學」與前面所述及之「本體的實踐學」是相融爲一的。須得一提的是，象山是通過一種具體的生活方式來展露其本體的詮釋學與本體的實踐學的，這是一種圓融無礙，非分解的說之方式。至於說將此種學問構成一種完密系統而有理論相的則後有其人，就本體的實踐學則陽明的良知學可以說提供了一相當完足的體系，就本體的詮釋學則象山的學生楊簡（楊敬仲、慈湖）在其「楊氏易傳」的解經活動中得到極爲充分的發展。

第四章 王陽明的本體實踐學
——以王陽明《大學問》為核心的展開

〈提要〉

本章通過一文獻解讀的方式，企圖凸顯陽明學的特質，指出他強調的「一體之仁」所隱含的一個存在樣式乃是所謂的「我與你」（I and Thou）而不是「我與它」（I and it）。進而釐清陽明學，指出彼實為一本體的實踐學之體系。

本體的實踐學，指出了即工夫即本體的路數，人與天地萬有經由一實踐的感通，泯除了小己之限而達於天、地、物、我、人、己，皆通而為一的地步。值得注意的是這樣的一個實踐的感通之活動，是以一本體的詮釋學作為基礎的。這顯然可見筆者是繼承著前面所述的象山的本體詮釋學而更進一步的拓深與嘗試。

一、前言

1.《大學》原是《禮記》的一篇，但宋明儒者卻對此篇情有獨衷，朱子且拿它和《論語》、《孟子》相提並論，再加上《中庸》一篇，合而爲《四書》。①《大學》一書（篇）大底被宋明儒者視爲「初學入德之門」從中「可見及古人爲學次第」；而更重要的是儘管程朱、陸王論學或有所異，但都認定《大學》是大人之學。大人之學即是內聖外王之學②，是整個儒學精粹所在。它不祇牽涉到自我生命的道德實踐，而且推而擴充之及於整個社會歷史的道德實踐；換言之，它不祇是修養工夫論，而且是社會實踐論。當然，值得一提的是，依儒學的本旨來說，任何社會實踐論都離不開修養工夫論，甚至大多數的儒者都認爲社會實踐論是建立於修養工夫論之上。正因如此，宋明儒學程朱、陸王這兩大派的爭辯亦一直著重在修養工夫論上頭。他們所牽涉到的重要話頭大體不離《中庸》的「尊德性」與「道問學」以及《大學》的「格物致知」，而問題的焦點則落在「中和」問題，「已發未發」的體悟證會之上。

2.「尊德性」與「道問學」祇是概括的區分了成學入道的路向，而「格物致知」的討論則涉及了極爲精緻的認識論問題，並由之而涉及於實踐論的問題。「中和」、「未發已發」的體悟證會及由之而來的爭議，則是由「實踐論」出發，極奇特的是其「實踐論」牽涉到極爲細微的生命生息的問題，由自家生命生息之問題更而上及於宇宙生命生息之問題。換句話說，「中和」、「未發已發」的問題又使得實踐論上及於本體論的問題。如此說來，認識論、實踐論及本體論是交融一處的，不可分割的。

3.就陽明學而言，其「心即理」的義理系統實承於象山學，象山學又是讀孟子而自得之，象山學實是孟子學。但這並不即是說陽明是由象山學引發而致，奇特的是陽明乃因「遍讀考亭（朱子）之書」，而集中於「格物致知」的問題焦點，這焦點使陽明格竹而病，出入佛老，終在龍場驛的石棺中面對生死而參悟了。這參悟使得原先朱子「格物致知」的理論產生了一「哥白尼式的大迴轉」，這「大迴轉」使陽明擺脫了朱子學的陰翳，而另立門戶。朱子的「本體的認識之路」於焉轉而爲陽明的「本體的實踐之路」③。陽明「致良知」及「知行合一」的提出正說明了這條「本體的實踐之路」。

4.無疑的，陽明這套「本體的實踐學」是扣緊著《大學》，尤其是其中的「格物

---

①從南宋以後，《四書》一直成爲中國文化的代表，元代以後，它成爲科舉的必備教材，明成祖時御命編纂《四書大全》以爲場屋科考應試的標準本。又《四書》再加上《易傳》這五部經典可視爲宋明理學最重要的思想資源。

②「內聖外王」一詞雖出自《莊子》〈天下篇〉，但歷來儒者借之來指稱儒家「修己治人」之學。

③朱子的「本體的認識之路」是經由認識的途徑而及於本體，並因之而隱含了實踐的成份，此是由認識而及於本體，而及於實踐。陽明的「本體的實踐之路」是經由實踐的途徑而及於本體，其及於本體亦隱含了對於本體的認識，此是由實踐而及於本體，而及於認識，實則背後陽明預先認定了實踐、本體、認識的一體不分，此一體不分正是「心即理」的義理規模，是承於孟子、象山而來的。

致知」而嵌入生命之中的。正因這緣故，筆者便選取了陽明的〈大學問〉一文作爲考察的核心，開始對之作深切的哲學思考，希望借由理解與詮釋的釐清而去豁顯陽明學的核心論旨—本體的實踐學。

筆者爲何敢斷言〈大學問〉可以視爲陽明學的精粹所在呢？就思想觀念的流程與衍變來說，〈大學問〉一篇成於陽明征思田之頃，時爲明世宗嘉靖六年，歲次丁亥，西元一五二七年，陽明當時已五十六歲，距陽明辭世僅一年，故此文可視爲陽明晚年定論。④

---

④據《陽明全集》卷廿六，〈續編一〉所謂「吾師接初見之士，必借學庸首章以指示聖學之全功，使知從入之路，師征思田將發，先授大學問，德洪受而錄之」。據〈年譜〉，陽明五十六歲，丁亥九月發越中，應門人之請，授「大學問」。又征思田行前一日錢緒山及王龍溪夜侍天泉橋，與陽明請教「四有」、「四無」之說。陽明雖說「汝中須用德洪工夫，德洪須透汝中本體，二君相取爲益，吾學更無遺念矣」，這似乎有調合四有、四無的意思，但〈年譜〉又載「先生又重囑咐曰：二君以後再不可更此四句宗旨，此四句中人上下無不接著。我年來立教，亦更幾番，今始立此四句，人心自有知識以來已爲習俗所染。今不教他在良知上實用爲善去惡功夫。只去懸空想個本體，一切事爲，俱不著實，此病痛不是小小，不可不早說破，是日洪畿俱有省」。又〈大學問〉所載仍主四有之說，蓋「四有之說」原可攝「四無之說」，若祇偏重「四無之說」則有蹈空之病，故陽明仍主「四有之說」。四無之說爲浙中王門所主張，四有之說爲江右王門所主張。近人牟宗三先生以浙中王門爲正傳，筆者以爲江右王門才是正傳。此從〈年譜〉所載及〈大學問〉內容一看便知牟先生由於欣賞龍溪的直徹本源而以之爲正傳也。實則牟先生盛年時（約1960前後）仍對龍溪頗有微辭，請參見牟宗三於張君勱《比較中日陽明學》校後記。

又〈大學〉首章全是修己治人（內聖外王）等原則性的立論，在中國自古以來的註疏性傳統下，它擁有更多的詮釋空間（領域），也因此他愈能闡發詮釋者的生命之道。⑤通觀〈大學問〉一文，我們發現它不但表達了「心即理」的一體觀哲學，而且體現了致良知的實踐方法論；尤其它也提到了「四句教」—它仍然堅持「四有之說」，並以此「四有之說」兼攝王龍溪的「四無之說」。這在在顯示〈大學問〉一文在本質上是足以構成陽明學的縮影與結集的。筆者在此即以「本體實踐學」一語概稱之。

二、本體實踐學的義理規模—論「道德實感」

5.「大學者，昔儒以為大人之學矣。敢問大人之學何以在於明明德乎？陽明子

---

⑤ 自晚周、秦漢以來，中國學術史上逐漸形就了一註疏性傳統，這註疏傳統不同於一般所謂文義的解釋，它著重的是義理的闡發及生命的體悟。總括的說，它著重的是道的開顯。中國小說傳奇之有作者評，此亦是註疏性傳統的表現。又國畫之有題詩，此亦然。其他即如戲曲中的旁白亦有此妙意、甚至如琴棋茶藝都有類似此者，於棋盤上寫下「對棋不語真君子，起手無回大丈夫」此蓋註疏者也，此註疏「因而通之，皆可以造乎道」者也。

曰：「大人者，以天地萬物為一體者也。其視天下猶一家，中國猶一人焉。若夫間形骸而分爾我者小人矣。」〈大學問〉）

如上所引可知，陽明仍承繼著傳統之將大學解釋爲大人之學，而所謂的大人是以天地萬物爲一體的，正因其以天地萬物爲一體，故能視天下猶一家、中國猶一人。相對於此「大人」理念，而以形骸爲間隔，因之而分你我，這便是「小人」。大人與小人是對舉而論的兩個概念，大人無形骸之私，故與天地萬物爲一體；小人則有形骸之私，故間隔自限，蔽於私欲。

顯然地，陽明「大人」的理念遠承於《孟子》及《易傳》，近則承於明道及象山。孟子謂「萬物皆備於我，反身而誠，樂莫大焉」，⑥《易傳》謂「大人者與天地合其德，與日月合其明，與四時合其序，與鬼神合其吉凶」⑦明道謂「仁者，渾然與物同體」⑧象山謂「萬物森然於方寸之間，滿心而發，充塞宇宙，無非此理」⑨。相互對比之下，陽明雖有承於上述所舉諸賢哲，但卻又不以此諸賢哲自限，陽明更進至生命生息之感通處來立說⑩；諸賢哲仍強調其備於吾心，與天地合一等等，而陽明則拈出「一體」的理念。「一體」這理念的提出正指出了孔孟心性之學的極致。

6.「大人之能以天地萬物為一體也，非意之也，其心之仁本若是，其與天地萬物而為一也。豈惟大人，雖小人之心，亦莫不然，彼顧自小之耳。是故見孺子之入井，而必有怵惕惻隱之心焉，是其仁之與孺子而為一體也，孺子猶同類者也。見鳥獸之哀鳴觳觫，而有不忍之心焉，是其仁之與鳥獸而為一體也，鳥獸猶有知覺者也。見草木之摧折而必有憫恤之心焉，是其仁之與草木而為一體也，草木猶有生意者也。見瓦石之毀壞而必有顧惜之心焉，是其仁之與瓦石而為一體也，是其一體之仁也，雖小人之心必有之，是乃根於天命之性而自然靈昭不昧也，是故謂之明德」（〈大學問〉）

陽明強調此一體觀並非臆想而得，而是「其心之仁」本如此。仁是感通明覺，是常惺惺，是虛靈不昧，是怵惕惻隱，是生命生息深沈的振動。由仁而說其爲一體，此是一體之仁，一視同仁。此一體之仁，人人皆有，不僅大人，即若小人亦然，不過小人是自限隔了。值得強調的是，陽明這種「一體之仁」不祇是限於人間界而已，他由孺子而推及於鳥獸、草木乃至於瓦石。這樣的推擴使得「仁」不祇是人內在生命生息的深

---

⑥語見《孟子》〈盡心篇〉（上）。

⑦見《易傳》〈乾·文言〉。

⑧見程明道〈識仁篇〉，《宋元學案》〈明道學案〉，頁316，世界書局，民國七十二年五月，台北。

⑨見《象山先生全集》卷卅四〈語錄〉，頁423。商務，民國六十八年四月，台北。

⑩這裡並不是說《易經》《孟子》乃至明道、象山等不重視生命的感通，不過程度上不若陽明之徹上徹下，直以生命生息爲根基是也。

沈振動而已，它根本上是整個宇宙生命生息的深沈振動，它不祇是人生論的問題，它調適而上遂於宇宙論及本體論的問題。

陽明即於此一體之仁而說其「根於天命之性而自然靈昭不昧者也，是故謂之明德」。相較於朱子之所謂「明德者，人之所得乎天，而虛靈不昧，以具衆理而應萬事者也」[11]來說，陽明的「明德」是人生命生息乃至宇宙生命生息內在而深沈的振動，而朱子則全從理上說，以其「具衆理而應萬事者也」。陽明著重的是一體之仁的感通振動，並由之而成就實踐，朱子著重的是秉此衆理故可應萬事，是先求知理而再求落實。

7.陽明既從此「一體之仁」來表述「明德」，並說它是根於天命之性，是人人所本具的。因此「小人之心既已分隔隘陋」，但其「一體之仁」仍然不昧，這是因爲他「未動於欲，未蔽於私」，一旦他爲欲所動，爲私所蔽，弄得「利害相攻，忿怒相激」，到頭來「戕物圮類，無所不爲」，甚至落到「骨肉相殘」的地步，此時一體之仁便亡失滅盡了。基於這樣的立論，陽明宣稱：

「……是故，苟無私欲之蔽，則雖小人之心，而其一體之仁猶如大人也。一有私欲之蔽，則雖大人之心，而其分隔隘陋猶小人矣。故夫為大人之學者，亦惟去其私欲之蔽，以自明其明德，復其天地萬物一體之本然而已耳。非能於本體之外而有所增益

之也。」（〈大學問〉）

能去私去欲，便能復其一體之仁，此便是大人；而此去私欲之蔽便是「明其明德」，這明其明德的工夫祇不過要回復天地萬物一體之本然而已。這天地一體之本然即是所謂的本體，在此本體之外是不能有而且也不必有任何增益的。如此說來，陽明所謂的本體並不是一形而上的實物（metaphysical reality），而是就天地萬物一體之本然而說的本體。此是就整個宇宙人間自然而統統打成一片而說的統體之體（totality），如此而說的本體是即於實踐而說的本體，不必另立一超越的本體。這樣的本體是根於「一體之仁」而說的，由仁而能說其爲一體，因之而說其爲本體。如此說來，本體不祇是一統體之體，而且是指出了此統體之體所以爲本體的可能根據——仁心。陽明又於此一體之仁，說其爲明德。換言之，陽明所謂的本體實有兩層意思，一是天地萬物一體之本然這樣的統體之體（totality）；另一則是明德，是內存於人的仁心，是人生命生息最深沈的振動之體。通過這明德之體的感通振動而與天地萬物爲一體，而使天地萬物回復其一體之本然，是「明明德」。

---

⑪ 朱子《大學章句》，以下所引朱子語若同屬《大學章句》則於文絡中點出，不另註釋。

8.「明明德」是一體之仁的實踐，是本體的實踐，陽明即於此而說「親民」。他說：

「明明德」者，立其天地萬物一體之體也。親民者，達其天地萬物一體之用也。故明明德必在於親民，而親民乃所以明其明德也。是故親吾之父以及人之父，以及天下人之父，而後吾之仁實與吾之父、人之父與天下人之父而為一體矣；實與之為一體，而後孝之明德始明矣。親吾之兄以及人之兄，以及天下人之兄，而後吾之仁實與吾之兄，人之兄與天下人之兄而為一體矣；實與之為一體，而後弟之明德始明矣。君臣也、夫婦也、朋友也，以至於山川鬼神，鳥獸草木也；莫不實有以親之以達吾一體之仁，然後吾之明德始無不明，而真能以天地萬物為一體矣。夫是之謂明明德於天下，是之謂家齊國治而天下平，是之謂盡性。」（〈大學問〉）

陽明這套「承體啓用，即用顯體」的一體觀哲學分明處處以實踐爲第一要義。所謂的實踐並不是另立個鵠的去做，而祇是本心一體之仁的不容已。從親吾父而人父而天下人之父，這是與吾父一體與人父一體、進而與天下人之父一體。兄弟、君臣、夫婦、朋友乃至山川鬼神、鳥獸草木等都是如此，而落到社會實踐則是所謂的齊家、治國、平天下。

通過當下而具體的實踐，將怵惕惻隱的明德之心，將人生命生息深沈的振動而擴充之而成就了逐層的一體化結構，使人通過道德實踐而涵納於整個天地宇宙之中，並與萬物交融一處。正因如此陽明才能說「良知是造化的精靈，這些精靈生天生地，成鬼成帝，皆從此出，眞是與物無對。人若復得他完完全全，無少虧欠，自不覺手舞足蹈，不知天地間有何樂可代」⑫。由一體之仁的當下實踐而上遂於本體良知，而說其是造化精靈，這正告訴我們陽明的本體論是通過實踐論而證立的。

9.朱子之以「具衆理而應萬事」這所得乎天的虛靈不昧之理爲明德，故其論「明明德」便這樣說：

「……為氣稟所拘，人欲所蔽則有時而昏，然其本體之明，則有未嘗息者，故學者當因其所發而遂明之，以復其初也。新者，革其舊之謂也，言既自明德，又當推己及人，使之亦有以去其舊染之污也。」（〈大學章句〉）。

朱子分明以一超越之理來說其純淨無染，由是而說其爲明德，其爲本體。可惜現世之中，有血有肉的人總免不了氣稟所拘，人欲所蔽，因此昏而不識本體之明。這就像太陽爲雲翳遮蔽了，故除去雲翳，太陽始能復其光明。朱子之著重回復本體的工

⑫ 見《傳習錄》（下），金楓版，頁193。1987年三月，台北。

夫，故著重在「新」字上，謂革其舊之謂新，革其舊者，除其雲翳，顯其光明也。陽明不像朱子的後天之教，而重在先天之教上，謂秉此一體之仁的感動即可落爲實踐，由此具體而當下的實踐才可以說復其本體。朱子之復其本體是復其初，而陽明之復其本體則是通過實踐而達到統體之體，這不是復其初，而是由其初始而貫其末終。也因如此陽明不將「親民」之「親」訓爲「新」，而是直將「親」訓爲親愛之親，親仁之親。朱子之「新民」是欲革其舊，除其雲翳以使人人皆能復其光明，而具衆理以應舊事；陽明之「親民」是當下具體的生命感通振動以求爲實踐，而推己及人，達乎一體之仁。

以上所述陽明對於「明明德」及「親民」的詮釋正指出了，他是通過實踐論來證立其本體論的，是通過一體之仁的明德之心去親民的。這是通過生命生息的深沈振動而去證立本體的，是通過道德之實感而落實爲道德之實踐，通過道德之實踐而回復天地萬物一體之本然，此即是由一體之仁的感通振動而通過實踐歷程而證其與統體之體渾化爲一，道德之實感乃是一當下而具體之實感，陽明雖極重此一體之仁的道德實感，但他又發現此具體之道德實感當有一準據，才能避免此道德之實感被僭竊，乃至流失而不歸。此便得從對「明明德」及「親民」之詮釋而進至對「止於至善」的詮釋。

三、本體實踐學的理據——論「道德之判準」

10.「曰：然則又烏在其為止至善乎。曰：至善者，明德親民之極則也。天命之性粹然至善，其靈昭不昧者，此其至善之發見，是乃明德之本體，而即所謂良知者也。至善之發見，是而是焉，非而非焉，輕重厚薄，隨感隨應，變動不居，而亦莫不自有天然之中，是乃民彝物則之極，而不容稍有議擬增損於其間也。少有議擬增損於其間，則是私意小智，而非至善之謂矣。自非慎獨之至惟精惟一者，其孰能與於此乎？後之人惟其不知至善之在吾心，而用其私智以揣摸測度於其外，以為事事物物各有定理也，是以昧其是非之則，支離決裂，人欲肆而天理亡，明德親民之學遂大亂於天下」。（〈大學問〉）

如上所述，「至善」是「明德親民之極」，是一體之仁這道德實感的最後依準，是生命振動感通的終極憑據。它是明德的本體，人的天命之性所以能粹然至善，靈昭不昧，乃是此至善本體之發現。這「至善之發現」是明德之本體，亦即是人人本具的良知。

至善概念的詮釋使得一切的道德實踐有了依準而不至散失。值得注意的是陽明強調「至善之發見，是乃明德之本體」即所謂的「良知」，這正指出了明德之本體及良知仍須以至善做爲其終極的歸趨，而且至善乃是使得天地萬物之能成爲一體之仁而成的統體之體的絕對歸趨。

我們之將「至善」理解爲天地萬物這統體之體的絕對歸趨，這事實上正隱含著整個天地萬物的自然合目的性，自然合目的性指向「至善」，或者說至善即是此自然合目的性之結穴所在⑬。值得注意的是，陽明並非將此自然合目的性之結穴所在的至善視作彼岸，亦未將之擺置在時間的盡頭，懸爲永恆之理想。他卻將之擺置在人的本心上面來立言，而說人的本心明德、良知之體乃此至善之發見。

「至善之發見」正說明了「良知」是見在的，不是隱蔽的，故稱之爲「明德」，此明亮之德是生命生息之當下的深沈振動。但我們之說明德、良知是見在的，是當下的深沈振動，這並不即是說實際上人已經是一完人或聖人，而這祇說明了人是能夠當下的在此岸完成其自己。

11.「當下的」正說明了「頓」，「在此岸完成其自己」這說明了「圓」，合而稱之即所謂「圓頓之教」。圓頓之教使得「至善」一方面是當下的發見，但另一方面則是整個自然合目的性的永恆歸趨。當下的發見固是一體之仁，在實踐的時間序列而言，它不是結局，它祇是過程；而如果就生命的本質而言，則此過程即是由當下而回復到終極之自身。

「至善之發見」並不是理論的必然，而是實踐的必然，它得通過實踐工夫論來貞定它。消極的說，不可以任私意小智去議擬增損於其間；積極的說，必須通過愼獨工夫達到惟精惟一的地步，如此便能依此「自有天然之中」、「民彝物則之極」，是而是焉，非而非焉，輕重厚薄，隨感隨應。

依陽明義理說來，所謂的「愼獨」乃是無事時涵養，有事時察識，愼獨是察念慮之微，一切剝落而復顯此獨體良知也，愼者，涵養察識之謂也。獨者，無所依傍，當下朗照之謂也。「愼」指的是由工夫以見本體，「獨」則是由本體以見工夫。「愼獨」二字顯示了本體工夫的即體即用，體用一如的關係。

12.通過「愼獨」的工夫，使得明德之心、良知之體得以彰顯，此彰顯即通過一體之仁的感通振動而展開其道德實踐。「愼獨」並不是祇回到生命之自身，而且邁向合

---

⑬「自然合目的性」的點出是脫胎於康德的《判斷力的批判》所指出的「自然合目的性」。筆者以爲近人常通過康德的第二批判（《實踐理性的批判》）來建構中國的儒學，但往往卻忽略了第三批判所提出的「自然合目的性」及「社會共通感」等關鍵所在。筆者以爲宜將之帶入討論才較能顯示儒學的精彩；若忽略此而祇注意第二批判則未免偏枯。請參見林安梧〈康德及其《審美判斷力批判》中的歷史性思維〉，《思與言》第27卷第3期，頁67—81，一九八九年九月，台北。

目的性而成的統體之體。

顯然地，陽明並不是通過理的認識而去企及於本體，而是通過生命的感通，一體之仁的實踐而開顯了本體。因此陽明反對「事事物物各有定理」這樣的立場⑭，他認爲這是「用其私智以揣摸測度於其外」，如此會造成是非之則的昏昧，乃至支離決裂，到頭來人欲肆而天理亡，如此一來，「明德親民之學大亂於天下」。

由「愼獨」而「惟精惟一」與由「心知」而對「物理」有所把握，這是兩個迥不相侔的路徑。前者是剝落一切而復顯一切，後者是掌握一切而成全一切。所謂剝落一切，並不是刮垢磨光，回復本體之光明；而是先不及於外物而涵養心體，一及外物則又察識之，此察識即復顯一切。⑮所謂心知對物理的把握，先是橫攝的，但此把握過程實已暗涵主敬之功，此主敬之功便將此橫攝之把握轉而爲直貫之逆證，由物物之理而統體之理。前者重在本體的當下實踐、具體實踐；後者則重在本體的認識與交接乃至合一。

如上所述，我們強調「至善」是作爲一切道德實感（生命生息深沈之振動）的憑依與準據，另一方面我們則又強調所講的「至善」乃是天地萬物之爲一統體之體的歸趨，此即宇宙自然合目的性之總歸，而這樣的總依歸，陽明又繼之落實於人的本心（或良知、明德），即所謂「至善之發見」，而於工夫論的角度來說，則須透過愼獨及惟精惟一的道德實踐步驟。簡言之，所謂的「至善」既是宇宙自然合目的性之總依歸，即所謂一體之本然的統體之體，而且它的「發見」即是人的本心，良知及明德（此三者異名而同實），統體之體此時落實而爲每個人的心體之體。

13.陽明強調「明其明德」此必須「止於至善」（即以至善做爲憑依及準據），否則騖其私心於過高則會「失之虛罔空寂，而無有乎家國天下之施，則二氏之流是矣」。明其明德是明其一體之仁，所謂的一體之仁是通過實踐而關連成一體的，並不是去虛懸一個「體」以爲鵠的，故一體之仁祇是平實，並無高翹處，並不會落入虛罔空寂，惟有私心過高才會有弊病。

再者，陽明又說：「若欲親民而不知止於至善，則『溺其私心於卑瑣，是以失之權謀智術，而無有乎仁愛惻怛之誠，則五伯（霸）功利之徒是矣！』明明德是通過實踐而彰顯其本體，親民（親親而仁民）則是此一體之仁的具體實踐，是由此彰之本

⑭ 朱子謂「人心之靈莫不有知，而天下之物莫不有理」，此可見與陽明之說大相逕庭。再者，陽明是從朱子之學翻轉過來而成的，故陽明此處所論，矛頭指向朱子。

⑮ 關於涵養及察識，陽明有言曰：「省察是有事時存養，存養是無事時省察」，這可見涵養與察識二者，陽明將其綰合爲一。

體，通及於外，發爲社會歷史的倫常實踐。一體之仁的具體實踐是「仁愛惻怛之誠」的實踐，是生命生息深沈的振動感通所成之實踐，若爲私心所溺則陷到權謀智術的地步，則道德亡而功利興矣！

顯然的，「至善」是做爲「明明德」及「親民」的依準與憑依，故陽明說「止至善之於明德親民也，猶之規矩之於方圓也，尺度之於長短也，權衡之於輕重也；故方圓而不止於規矩，爽其則矣，長短而不止於尺度，乖其劑矣，輕重而不止於權衡，失其準矣，明明德親民而不止於至善，亡其本矣」。最後陽明總括其辭而強調說「止於至善以親民而明其明德，是之謂大人之學」」，這是說以至善爲憑依，並通過社會歷史具體的倫理實踐，由此實踐而證立一體之仁，一體之仁的證立正指向「天地萬物爲一體」，此便是所謂的大人之學。

「至善」觀念，如陽明說來，它使得道德實踐感有了憑依準據。如此一來，道德一方面固然是生命生息主觀內在深沉的振動，由此而發的實踐；另一方面則點出了客觀憑依與準據。簡言之，道德之爲道德，一方面有其實踐的動力—道德實感，另一方面則有其實踐的準據—止於至善。

14.至善雖作爲道德實感（踐）的憑依與準據，但陽明又將之涵納於內在的本心，此是將那自然合目的性統體之體，回歸而內涵於人的腔子裡成爲一體之仁的心體之體。一體觀的理論結構是辯証渾融爲一的，不是分解而層設列分的，它不重在事事物物的條理之理上立說，而是就一體之仁而說心即理。「心即理」正指出了所謂的理乃是來自於生命生息內在深處的感通振動，這不是知識事理的攝受，而是生命整體之感通振動交融互攝。陽明在一體觀立定了腳跟，便對朱子之以事事物物皆有定理，大加撻伐駁斥，他說：

> 「人惟不知至善之在吾心，而求之於其外，以為事事物物皆有定理也，而求至善於事事物物之中，是以支離決裂，錯雜紛紜，而莫知有一定之向」。（〈大學問〉）

陽明對朱子這樣的批評一方面是極中的的，但另一方面則顯示他並沒了解朱子的漸教之路。漸教之路，始初看去似乎祇是橫攝的去把握知識，但裡層則有更進於此者，事實上，裡子它又預取了一縱貫的可能。換言之，朱子雖於事事物物上去求個定理，但這不即是說他便「求之於外」，他就是「求至善於事事物物之中」；事實上，朱子一方面重「窮理」，而一方面則重「居敬」。居敬與窮理是交互辯証而總結爲一的。「窮理」一方面是主體對對象的認知攝握，但此認知攝握又通向於「理之極致」，再者，認知攝握已涵居敬之功，惟其涵居敬之功故能上達於天性。這種「知識與道德之辯証性結構」是不易理解的⑯，站在一體觀的思維結構下的陽明當然也祇能做其系統外的批評。

15.當然，我們這麼說並不即意謂陽明的觀點是站不住的。透過生命生息的深沉振動感通，一體之仁切實而具體的實踐使得陽明的一體觀結構，首尾連貫，一氣呵成。他說：

「今焉既知至善之在吾心，而不假於外求，則志有定向，而無支離決裂，錯雜紛紜之患矣。無支離決裂錯雜紛紜之患則心不妄動，而能靜矣。心不妄動而能靜，則其日用之間，從容閒暇，而能安矣。能安則凡一念之發，一事之感，其為至善乎。吾心之良知，自有以詳審精察之，而能慮矣。能慮則擇之無不精，處之無不當，而至善於是乎可得矣」（〈大學問〉）。

從「知止」，「定」、「靜」、「安」、「慮」乃至「得」，依陽明的一體之仁之實感實踐來看，這分明是良知落實的推擴之功。事實上，祇是此一心之朗現、一心之申展、一心之遍潤。⑰

如上所述可知，「至善」不祇作爲道德之判準，而且此判準是內存於人心的，它足以構成發動道德實踐的激力；而之所以它能得如此，這正根源於陽明的一體觀哲學思維的結構。

四、本體實踐學的工夫論——論道德實踐之次序

[16]陽明一體觀哲學思維的結構，如上諸節所說，它都是關連著一體之仁的實踐而証立的；但這是否即說陽明學的實踐是不分本末及先後的呢？其實不然。

「曰：物有本末，先儒以明德為本，新民為末，兩物而內外相對也。事有始終，先儒以知止為始，能得為終，一事而首尾相因也。如子之說，以新民為親民，則本末之說，亦有所未然歟。曰：終始之說，大略是矣。即以新民為親民，而曰明德為本，親民為末，其說亦未為不可，但不當分本末為兩物耳。夫木之幹，謂之本，木之稍為之末，惟其一物也，是以謂之本末。若曰兩物則既為兩物矣，又何可以言本末乎。新民之意，既與親民不同，則明德之功，自與新民為二，若知明明德以親其民，而親民以明其明德，則明德親民焉可析而為兩乎。先儒之說是蓋不知明德親民之本為一事，而認以為兩事，是以雖知本末之當為一物，而亦不得不分為兩物也。」（〈大學

---

⑯ 請參見林安梧著《知識與道德之辯証性結構》，收入《現代儒學論衡》一書，頁145～167。業強出版社，1987年。

⑰ 牟宗三《心體與性體》第一冊。正中書局，民國五十二年五月台五版，頁47。

問〉）

如上所引述可知陽明極反本末兩物相對之說。本末終始不是隔然列分的，它們是辯証的關連起來的，此中隱含著一個生長及發展的歷程。以是之故，陽明取本末之本義來詮釋，謂本是木之幹，末是木之梢，同是一物。值得注意的是，陽明並不祇謂木之梢是木之幹之所發，而且他亦深切的了解到木之幹亦受木之梢的滋養。蓋以今日生物學觀點視之，本之幹固能輸運養料及水份等等，但木之梢則能行光合作用而反哺根幹矣！陽明說：「明明德以親其民，而親民以明其明德」。由明明德以親其民，此是由本體而下貫爲實踐；親民以明其明德則由實踐以上及於本體也。本體與實踐有其互動與循環的關係。如前面所說之本體乃是自然合目的性的至善，是整個宇宙自然人世統體之體，本體既是作爲一切道德實踐的憑準與依據，而且它是現世人間自然一直擴充成長的統體之體。換言之，本體一義於陽明學來說，既是道德實踐始初之因，亦是道德實踐終末之果。這就好像我們會清楚的了解到果實（之籽）是作爲果樹始初之因，而果樹則又結成果實。果實既是始初之因，亦復是終末之果。如是說來，陽明之本末終始爲一物之說，這不是渾淪不分的一片，而是將本體及實踐關連成一個實踐的圓環（practical circle）來立說的。⑱

17.陽明一方面將本末終始關連一處而說，此實如開首彼所說之一體之仁；而另一方面他亦極注重所謂的功夫次第。值得注意的是，陽明雖亦說功夫次第，但其所謂的功夫次第，並不似程朱之功夫次第。程朱之功夫次第旨在溯回本體，走的是「本體的認識之路」而陽明之功夫次第則旨在由本體以展開具體人間的實踐，走的是「本體的實踐之路」。

（甲）「敢問欲修其身，以至於致知在格物，其功夫次第又如何其用力歟。曰：此正詳言明德親民止於至善之功也。蓋身心意知物者是其功夫所用之條理，雖亦各有其所，而其實祇是一物。格致誠正修者，是其條理所用之功夫，雖亦各有其名，而其實祇是一事。」（〈大學問〉）

（乙）「何謂身，心之形體運用之謂也。何謂心，身之靈明主宰之謂也。何謂修身，為善而去惡之謂也，吾身自能為善而去惡乎，必其靈明主宰者欲為善而去惡，然後其形體運用者，始能為善而去惡也。」（〈大學問〉）

---

⑱ 關於「本體實踐的圓環」（onto-practical circle）請參看林安梧著《陸象山心學義理規模下的本體詮釋學》（東方宗教研究，第一期），第16、17、18、19、20諸段。參見本書第三章。

如（甲）所說，大學的八目──格、致、誠、正、修、齊、治、平此是三綱──明明德、親民、止於至善的詳細工夫。陽明區分了身、心、意、知、物是所謂「其工夫所用之條理」，亦即做功夫時必以此爲據而方可落實之謂；相對於此條理，則格致誠正修乃是「條理所用之工夫」。身、心、意、知、物雖各有其所，其實祇是一物，當然格致誠正修亦雖各有其名，而其實祇是一事。

陽明所謂的一物一事並不即是籠統不分，因爲他亦明白的指出雖是一物，但欲各有其所；雖是一事，但欲各有其名。事實上陽明所謂的「一物」是說各有其所之關連而成的，是諸脈絡的交光互網而形成的；「一事」是說各有其名之關連而成的，是諸名的脈絡所連貫而成的。

從（乙）所說，我們當可以明白的了解到所謂的身心是爲何物？身是心之形體運用，而心是身之靈明主宰。無身則心無形體可運用，此時之心亦仍是身之靈明主宰。無身則心無形體可運用，此時之心亦仍是孤單掛空的「心」，無心則身無靈明爲主宰，此時之身亦祇血氣而行的身，順物而趨則盲爽發狂，終何底乎？

就上所述，身心二者的脈絡是互貫互融而爲一的，但陽明學的路子基本上並不是走「身心交養」的路子，而是走「心爲主宰」，身爲運用，以心之靈明以領身之形體」的路子。此即彼所說「欲修其身者，必在於先正其心也」。

18.把修身的工夫坐落在心的主宰靈明上，但若以「心的本體」而言，就是所謂的「性」，性無不善，因此心的本體本無不正，就此而言，那來的「正心」功夫呢?陽明說：

「蓋心之本體本無不正，自其意念發動而後有不正，故欲正其心者，必就其意念之所發而正之，凡其發一念而善也。好之真如好好色，發一念而惡也，惡之真如惡惡臭，則意無不誠而心可正矣。」(〈大學問〉)

顯然地，陽明又將正心之教推向了誠意之敬。他先說明了善惡正邪是意念之所出，若心之本體則本無不正⑲。誠意乃是順著意念之誠而勇往做去，此是順著生命生息的深沉振動之符合於良知者(依陽明講，其極致無有不符合於良知的)做去，如此則意無不誠，意無不誠則心可正矣！

19.「然意之所發，有善有惡，不有以明其善惡之分，亦將真妄錯雜，雖欲誠之，

---

⑲ 近儒熊十力則謂「心無不正，意亦無不正，然而意發時，畢竟有不正者，則此不正，非是意，乃與意俱起之私欲也。私欲亦名人心，意乍動時，私欲亦隨起，曰俱起。」這段話對陽明的意念之有不正可說是批評十分中肯，但亦可以之來補足陽明的「意」說。蓋陽明之「意」說，不若熊氏來得精密。請參看熊著《讀經示要》卷一，頁164－165。明文書局，民國七十三年，台北。

不可得而誠矣。故欲誠其意者，必在於致知焉」。（〈大學問〉）

意既有善惡則誠意之所以可能必得往上溯，此即是所謂的「致知」之功。

陽明對於所謂的「致知」做了一旋乾轉坤的嶄新詮釋，他說：

「致知云者，非若後儒所謂充廣其知識之謂也，致吾心之良知焉耳。良知者，孟子所謂是非之心，人皆有之者也。是非之心，不待慮而知，不待學而能，是故謂之良知，是乃天命之性，吾心之本體靈昭明覺者也。凡意念之發，吾心之良知無有不自知者。……今既欲別善惡以誠其意，惟在致其良知之所知焉爾。」（〈大學問〉）

「致知」不是「充廣知識」，而是「致吾心之良知」。良知祇是個是非之心，是非之心祇是個好惡，祇此好善惡惡便是所謂的致良知，依陽明說來「知是心之本體，心自然會知。見父自然知孝，見兄自然知弟，見孺子入井自然知惻隱，此便是「良知」，不假外求。若「良知」之發，更無私意障礙，即所謂充其惻隱之心，而仁不可勝用矣。然在常人，不能無私意障礙，所以須用「致知」、「格物」之功。勝私復理即心之「良知」更無障礙，得以充塞流行，便是致其知，知致則意誠。」[21]致良知是不假外求的，故它不是什麼勉強功夫，而是順良知之本然心體而發的當下具體之實踐，此當下具體之實踐是當惻隱即惻隱、當是非即是非、當羞惡即羞惡、當禮讓即禮讓，此是自然而然心體之直接朗照。此是通過人存在之具體實感而上及於存有本體之自然而俯瞰朗照者。換言之，存在之具體實感與存有本體之朗現是通極爲一的，而此是陽明「本體實踐學」之奧義所在。

⑳（甲）「欲致其良知，亦豈影響恍惚而懸空無實之謂乎，是必實有其事矣，故致知必在於格物」。

（乙）「物者，事也。凡意之所發必有其事，意所在之事謂之物。格者，正也，正其不正以歸於正之謂也。正其不正者，去惡之謂也。歸於正者，為善之謂也，夫是之謂格。書言格於上下，格於文祖，格其非心，格物之格，實兼其義也。」

（丙）「良知所知之善，雖誠欲好之矣，苟不即其意之所在之物而實有以為之，則是物有未格，而好之之意猶為未誠也。良知所知之惡，雖誠欲惡之矣，即不即其意之所在之物而實有以去之，則是物有未格，而惡之之意猶為未誠也。今焉於其良知所知之善者即其意之所在之物而實為之，無有乎不盡，於其良知所知之惡者，即其意之所在之物而實去之，無有乎不盡，然後物無不格，而吾良知之所知者無有虧缺障蔽，而得以極其至矣！」（〈大學問〉）

⑳ 見陽明《傳習錄》卷上，金楓版，頁11。台北，1987年。

就所引這三段話，（甲）說明了致其良知，必實有其事，不可影響恍惚懸空無實，故由「致知」而帶向了「格物」。（乙）則對於所謂的「物」做了解析。陽明從「事」來解釋「物」，而不以一般所謂的客體對象（object）來說「物」，他是從事實（fact）或事件（event）來說物。客觀對象是靜態的置於彼處，而事實或事件則是心意澆灌所及而成的，是在一個場（field）中所呈現的一個聚合體，是一脈絡所成之物，是人心所參贊於世間所成之物，是歷史社會的具體而變動不居之物。㉑物之為物是人通過一體之仁的實踐所及而成就的事物，是人生命生息內在而深沉的振動感通而所及以成的事物；如此一來，所謂的「格物」便不是「心知」對於「物理」的把握，而是「良知」對於物事的參贊化育而成就（做成、捏成）所謂的「事業」。這不是認識之路，而是實踐之路。

順此實踐之路而言，致知之為致知乃是孟子「盡心」之謂也。盡心是擴充此四端之心，使達於極致。但擴充之為擴充並不是順著血氣心知，而是即此四端之心的自反自省，這是反省思慮再三的逆覺之路，是正其不正，使歸於正之路，功夫做到熟處，自能自然洞達，當下即是矣！此即（丙）所謂「物無不格，而吾良知之所知者無有虧缺障蔽，而得以極其至矣！」，這時候我們的內心也就「快然無復餘憾而自慊」了。

21. 順著上面的分析，陽明終而下斷語說：「**夫然後意之所發者，始無自欺而可以**

謂之誠矣」。將整個脈絡全部關連起來，陽明《大學問》總結說：

「……故日物格而后知至，知至而后意誠，意誠而后心正，心正而后身修。蓋其功夫條理雖有先后次序之可言，而其體之惟一，實無先后次序之可分。其條理功夫雖無先后次序之可分，而其用之惟精，固有纖毫不可得而缺焉者。此格致誠正之說所以闡堯舜之正傳而為孔氏之心印也。」（〈大學問〉）

從格物、致知而誠意、正心乃至修身，就其表層來說，此似有先后次序，但就「體之惟一」則無先后次序可言。這裡所謂「體之惟一」指的是「本體之惟一」，是「道體」「心體」之通極而爲一。生命之具體存在的實感與宇宙萬有本體存有的開顯是通極爲一的。用陽明的話頭來說，此皆是一體之本然，而一體之本然之爲本然是通過「一體之仁」的實踐而完成的。此一體之仁的實踐實無功夫次第之可言，若要論其功夫次第此祇是詮釋辯解上所說的功夫次第，離開了詮釋辯解便無所謂的功夫次第。換言之，講功夫次第並不是時間的先後而是邏輯的先後，所謂邏輯的先後是在一個詮釋系統的關連與結構下而說的，這祇是關係到理論的安排問題，而不涉功夫的先後問

㉑　牟宗三先生即謂陽明所謂之「物」是「行爲物」這是正確的。

題。不過，從陽明學的整個詮釋系統看來，從修身而溯至正心，又溯至誠意，再溯至致知及格物，我們一方面發現這是逐層拓深的功夫，另一面亦發現在這逐層拓深的工夫歷程中「修身」是總提的說，「正心」與「誠意」可爲一組，而「致知」與「格物」又可爲一組。「正心」必指向「誠意」，否則正心則祇現本體而不顯功夫，「誠意」亦當有「心之本體的良知」爲根本始可能。換言之，「誠意」乃以「正心」爲前題矣，不過此時的正心是就心無有不正的心之本體來說的。「致知」亦必指向「格物」，如此才是落實，此是通過具體的道德本體以朗現心之本體的良知，心之本體的良知之朗現必使得其所照之事物調適而上遂於統體之體，此統體之體又以「自然合目的性」之至善爲依歸。

顯然地，陽明是將大學八目歸到五目，而且以前四目所謂格致誠正四者視爲修養之法門，此四者乃環繞著心而展開的。心之所發是意，意必得誠。意之所在即是物，物必得格，由正心而誠意，由誠意必得格物，而其之所以可能則在於「致心之本體的良知」，以是陽明學的心學義理便可直名之爲「致良知教」。致良知教是基於本心的獨體良知的，故謂之心印；是上透至道體之本然的，而堯舜所傳當指此道體之本然，

故說其爲堯舜之正傳。㉒

五、結論

22.如上所述，我們發現陽明的《大學問》是緊扣著「一體之仁」的道德本體而展開的。此「一體」之爲「一體」就其統體的自然合目的性而言，即所謂「止於至善」之「至善」；而此「至善」必得通過具體之存有者而開顯，陽明所謂「至善之發見」此即是「明德」，「明德」是就「心體」而說，此心體之明德與統體之體的道德是通極爲一的。這裡所謂通極爲一，其所以可能的根據則在於「一體之仁」的「仁」。仁是一種生命生息深沉的振動感通，此感通必及於外，由道德實感而發爲道德實踐使得心之本體的良知及於外物，物又是意之所在，意又是心之所發，而意又得以心之本體良知作爲判斷之基準，如此一來，正心、誠意、致知、格物四者綰合爲一，此皆指向「修身」之建立。明明德即是致良知，即是一體之仁的實踐，此一體之仁是由親親而

㉒ 因此時所說的堯舜並非現世歷史中的堯舜，而是理想歷史（ideal history）的堯舜，此是就其人格典型而說的堯舜。

仁民做起，由是而止於至善。止於至善者，一切以至善爲依止，一切以至善爲實踐之終極者也。

23.就〈大學問〉的理解與詮釋中，我們發現陽明一體之仁的實踐強調的是一套修養工夫論，雖然他亦冀望由此修養工夫論而建立一套社會實踐論，但無可懷疑的是，陽明並未正視所謂的「社會事實」（social fact）。㉓陽明所注意及的仍是一「本體的事實」（ontological fact），他直接通過一體之仁來證成此本體事實，使此本體的事實有所貞定、有所適應。如涂爾幹（E · Durkheim 1858－1917）所說的，「社會事實」是外於個人的，是社會之所獨有，此恐怕不是陽明義下的「本體的事實」所能涵括的。換言之，「本體的實踐學」依陽明學整個體系來看，它所強調的是道體、心體這兩端所構成的圓環互動，而忽略了道體與事理（社會事實、社會結構）的關係。正因爲忽略了這層關係，因此所著重的是修養工夫論，以爲修養工夫論的完成便能成就所謂的社會實踐論，由內聖直接推擴而成就外王。

24.整個說來，陽明學太強調「人」（human being）之爲一個本體的存有（ontological being），此本體之存有是通極於宇宙六合自然人間的。做爲一個本體的存有這樣的「人」他是活在一整體的脈絡之中的，他是萬物皆備於我的，他是以天地萬物爲一體的，以是之故，他免去了宰制（domination）與異化（alienation）之任何可能。但問題是人不祇是作爲一本體的存有（ontological being）而且亦作爲一社會的存有（social being）及歷史的存有（historical being），人須得面對的社會的事實（social facts）及歷史的事件（historical events）。陽明學「一體之仁」的實踐是頗具勁道與力氣的，但並未正面的去處理社會歷史的結構世界，這是宋明理學家，尤其陸王心學一路所遭遇到的詰難之一。但儘管這詰難很不容易去化解，但就本文作者所做的詮釋中，其所強調的至善之作爲「自然的合目的性」，此是有意將陽明學做一較平實的理解與詮釋，不欲使之一切歸依於主體，而成爲主體主義（subjectivism）也。把「至善」視爲自然合目的性，視爲一切統體之體的歸趨，然後又下返而爲道德實感（踐）的憑準與依據，以做爲良知（良知是至善之發現），以做爲誠意之依準。如此一來，在一體之仁的無工夫次第之下，另外又強調所謂的工夫次第（陽明即做如是觀），此工夫次第正所以顯示陽明一體之仁的實踐仍是有事功（如親民）的要求。

㉓ 社會學家涂爾幹（Emile Durkheim 1858－1917）極爲強調社會學在尋求其方法前必先知道社會事實（social facts），社會事實是獨立於個人以外的 acting，thinking 和 feeling，它又有一種強制力而施行於個人。（參見“The Rules of Sociological Method and Selected Texts on Sociology and its Method”，Trans. by W.D. Halls 頁51,52,New York,1982。

這雖亦使得陽明重視了人是活在一歷史社會之中的，人是活在一具體而現實的生活世界之中的。

但總括言之，陽明似未及去注意此生活世界或歷史社會有其客觀的結構，它們是離於心體而獨在的。當然此客觀的結構仍是通極於道體的，他仍得受心體所發之意念、所振起之實踐來參贊它、澆灌它，然而一旦我們注意及所謂的客觀結構，則陽明的本體實踐學似乎便要做一番落實的調整了。當然陽明的本體實踐學乃是中國思想史上心學系統的極致表現，它是在倫理的一體化政治結構中的最高級心靈的創造，它代表著整個中國傳統資源的結晶所在，這是無庸置疑的。

第五章　邁向儒家型意義治療學之建立
——以唐君毅《人生之體驗續編》為核心的展開

〈提要〉

本章旨在通過一文獻的理解與重建的方式，企圖去凸顯一儒家的意義治療學的可能性。儒家的意義治療學雖有類似於弗蘭克者，但並不同於弗蘭克，因為儒家是以「一體之仁」作為其心源動力的，而弗蘭克的精神資源主要來自於宗教。儒家是經由「一體之仁」進而點出了一「我與你」的存在樣式，進而指出了「以體驗之」及「驗之以體」的「體驗」，這隱含了一理解、詮釋乃至批判、重建的過程，而這樣的一個過程便是一不休止的意義治療的過程。筆者此文之作是繼續前所開發象山學的本體詮釋學及陽明的本體實踐學，而更進一步思有以落實的締造；筆者希望這樣的一個嘗試能為當代的新儒學找到一嶄新而可能的方向。

一、問題的緣起

一般說來，儒家之爲「爲己之學」此是大家所共許的①；而此爲己之學是「根源於本心，通極於天道」②。它強調的是每一個具有人性身份的人皆可以自足而完滿的成就其自己，而且這樣所成就的自己不是小體之己，而是大體之我。而這裡所謂的「自足而完滿的成就其自己」這個斷語則又緊密扣連著綿綿不絕的實踐工夫。

無疑的，儒學所謂的內聖之學，一言以蔽之，即是以此實踐工夫而證得本體，亦即「即用顯體」之謂也。本體者，本然一體也，吾人經由「一體之仁」而與天地萬物本然一體也③。實踐工夫證得本體，祇是倫常日用之實學而已，並無啥虛玄處，亦無黏牙嚼舌處。

如上所揭示之儒門義理，是所有走入儒家而以之立身者所共許的。就此共許之義理，即隱含一本體的詮釋學（ontological hermeneutics）④，關連此本體的詮釋學，自有其展開的一套意義世界，以作爲吾人存在之基底（horizon），吾人即生於斯，長於斯，裁成天地，輔相萬物。

換言之，吾人之作爲人是存活於此世間的（being-in-the-world），而此世間則爲此本心之所遍潤、之所朗照，亦是此道體之所充拓，之所流布。

如此說來，人之爲一個人，既是一當下之存在（existential being），同時亦是一本然之體的存在（ontological being）。但値得注意的是，人作爲一個當下之存在，他首當其衝的是一種獨特不二的境域（situation），這個境域一方面使人眞正進入世間成爲一個具體而眞實的存有，但同時卻使得人亦離其自己而造成所謂的疏隔〔或異化（alienation）〕的狀態。尤其是一些不可避免的外力，使得這樣的狀態益形嚴重，於是人而非人，無法成爲一如實之存在（authentic being）。

當人之不能成爲一如實之存在，而成爲一疏隔的存在（alienated being），儒者面對此問題，並不落在決定論（determinism）的框架中來設想問題。他不以爲外在的種種「緣」能夠眞正決定「人」或改變人，使人喪失其爲眞實的人。相反的，他以爲落入疏離的境域，正是人性昇進及開顯的契機。

① 子曰：「古之學者爲己，今之學者爲人」（《論語‧憲問》），所謂「爲己之學」蓋脫胎於此。

② 孟子曰：「盡其心者，知其性也，知其性則知天矣。存其心，養其性，所以事天也。殀壽不貳，脩身以俟之，所以立命也」（《孟子‧盡心》上），此即所謂「根源於本心，通極於天道」。

③ 此說所據，請參見王陽明所著〈大學問〉一文，筆者曾疏釋之。請參閱本書第四章〈王陽明的本體實踐學〉。

④ 請參閱本書第三章〈象山心學義理規模下的本體詮釋學〉。

無疑的，這種開顯的契機端在於人的本心（或稱獨體、良知、意體），因人的本心乃是一切意義之根源，他足以詮釋這個世界，亦可以敦促人們依其所詮釋之世界而展開爲實踐。這樣的本心論，強調的是本心的主體能動性，是希望能從本心作爲整個意義世界座標的原點。

這並不意味著，本心論者遺棄了這個世界，相反地，他主動的去詮釋這個世界，並且企圖積極地去改變這個世界。

作爲當代新儒家核心人物之一的唐君毅先生，可說是儒學義理的體現者，他從青少年時即志於走這條眞實的「人生之路」，終其一生，關於這方面的著作極多，舉凡《心物與人生》、《人生之體驗》、《道德自我之建立》、《人生之體驗續編》、《病裏乾坤》，乃至晚年之總結《生命存在與心靈境界》皆屬之⑤。筆者以爲唐先生這套生命哲學當可說是紹述陸王而下的結晶，是可以籠納在所謂「本體詮釋學」這個名目之下的，而更值得注意的是《人生之體驗續編》一書所著重的不僅在對於存在世界作理解與詮譯，相應於此，彼著重的是生命負面的省察。他通過一種體驗的方式來省察陷溺的生命，並逐步超昇轉化，得到完整的治療。

二、體驗：理解、詮釋及治療

「治療」（therapy）似乎指的是一種外力的加入，但於唐氏著作中所謂的「治療」則是一種內力的迸發與昇進。這正類似心理學治療法上所謂的「第三勢力」，它不同於早先的心理分析與行爲療法⑥。它強調的是當下的存在境域，並從而掘發此境域的意義。它認爲人是具有主體能動性的，是會不斷去自我界定的（self-defined）。對於存在境域意義之掘發即是對於自我之界定，而這樣的詮釋活動即是一治療的活動。

---

⑤ 通觀唐氏著作，吾人可以斷言彼皆不離此「人生之路」。人者，人文之謂也。生者，生命，生生不已之謂也。

⑥ 依弗蘭克（Viktor E．Frankl）所說「意義治療法」（Logotherapy）一詞，其「Logos」指的是意義（meaning）。或如某些學者所稱的「第三維也納心理治療學派」，它的焦點放在「人存在的意義」以及「人對此存在意義的追尋」上。按意義治療法的基礎而言，這種追尋生命意義的企圖是一個人最基本的動機。因此弗蘭克所提出的「求意義的意志」（a will to meaning）與佛洛依德心理分析學派（Freudian Psychoanalysis）所强調的快樂原則（Pleasure Principle）以及阿德勒（Adlerian Psychology）所强調的「求權力的意志」（the will to power）大不相同。（參見 Viktor E．Frankl 所著"Man's Search for Meaning"中譯《活出意義來》（從集中營到存在主義），趙可式、沈錦惠合譯，頁一一〇，光啓出版社印行，一九八七年十月四版。

唐先生的詮釋是一「體驗式的詮釋」，他從日常生活所熟悉的感知世界，層層轉入而去洞察其所面對之事件（event）所涵之意義。從唐氏的論述過程中，我們發現他往往由形下現象從而轉入於形上之眞實的探討。或許我們可以說這樣的探索方式隱含著一辯證的昇進。再者，該當說明的是，唐氏這種辯證的昇進，並不是結構性的處理，而是一種主體意義的轉化。

換言之，「體驗式的詮釋」是以人的「主體」爲核心的，而且肯定這主體是通極於道體的，所謂的「體驗」乃是「透過生活體驗感知所及而迴返於生命之自身」這樣的活動——即「驗之於體」。當其迴返於生命之自身則使得其所涉及之生活感知體驗，各有所安，各復其位——即所謂「以體驗之」。「驗之於體，以體驗之」是一個圓圈的兩個來回，是同時俱現，無分先後的。⑦

正因爲唐氏眞實的體驗到在此紛紜擾攘的世界之上，尙有一純淨無染的理法世界，此理法世界實是此紛紜擾攘世界之所憑依與判準⑧。但這並不意謂唐氏以爲此理法世界便不在此紛紜擾攘的世界之中。相反地，他以爲不論此理法世界或俗情世間都是人心之所流注周浹一體而不可分的。不過人心或者順其習氣而成一俗情世間，或者一念自覺而顯理法世界罷了⑨。

順習氣而往下滾或自覺而向上超拔並不是兩個截然二分的趨向，它們是渾淪爲一的，是心念當下具體之兩個截然不同的面向，這裏構成了心靈主體與心念習氣的張力關連⑩。這樣的張力關連形成了人生命的動力，亦同顯現了生命的艱難與崇高。

唐先生強調在這個張力結構中，人當歸本於自信，惟有自信才能豁顯無限心，開顯理法界。但他強調從具體所感知的世界中豁顯了超越意識，這超越意識之豁顯並不是心地之映現，而是自上而下以覆蓋於吾所思之人類、衆生及世界之上，又未嘗離於吾之孤獨之心外也⑪。換言之，不是心體推極於外而立個道體，而是此心體即是道體，正因如此，才可能眞正的歸本於體，而所謂的「自信」亦是歸本於體的自信，並不是狂妄無知的我慢。

唐氏於其著作中一再的提及「自覺」的重要。惟其自覺才能超拔乎流俗，喚醒眞實的生命，建立眞正的自信。他認爲這是一種「復歸於己」，同時又是「超昇一步」

---

⑦ 請參看同註④，第11、12、13、14、15諸小節。
⑧ 請參看唐著《人生之體驗續編》，頁10（學生書局，一九七八，四月再版），《病裏乾坤》，頁24（鵝湖出版社，一九八〇年九月初版）。
⑨ 同上註，頁11，頁25。
⑩ 請參看《人生之體驗》，頁14。
⑪ 請參看《病裏乾坤》，頁12。

的工夫⑫。依他看來，復歸於己的「己」即是「本心」、「道體」，它不是這現象俗情習氣的己，它是一超越的眞心。由這眞心所發才可能有一眞實的人文世界，當然眞心同時便在這人文世界中陶養而成的。値得注意的是，這裡所謂的陶養一方面是「復歸於己」的凝聚活動，同時亦是向上「超昇一步」的開發活動。心靈之凝聚與開發如太極之陰陽，是同時而並展的⑬。

超昇一步，通極於道；復歸於己，樹立精神人格。唐氏嚴分自然人格與精神人格之異，強調以精神人格作爲眞正的主宰而形成的統一⑭。如此形成的統一才是眞正的道體。道體，此道之所流佈貫注，經由人本心之感通參贊而成就之「仁體」者也。仁體，一體之仁而互動關連以成之體者也。

無疑的，若以「體用」的範疇來說明儒學，我們可以說它是「承體啓用，即用顯體」。體，並不是一個超絕的實在物（transcendent entity），而是經由自覺與實踐而成的一個統一之體（totality）。

這樣的「統一之體」一方面指的是「本心」、「良知」、「道體」，但另一方面則指的是整個生活世界，或說是人文世界。前者即是所謂的善自凝聚，而後者指的是善自開發。凝聚與開發，一翕一闢，永無止歇。唐氏以爲此道頗難言，或由一念自覺，或由哲學反省，或由宗教信仰，或凝視觀照一超越之理境，或專心聚智於學問事業，此中方便多門，直接間接，簡易繁難，各有所別，但重要的是「了解此事之重要」，此得待心靈之有一種回頭的反省、回頭的凝聚，而後可能。唐氏即認爲此凝聚即同時含有一心靈之內在的開發⑮。

就此我們清楚的看見唐氏最爲強調「理解及詮釋」的重要。因爲眞正的理解與詮釋是必然關乎本體的理解與詮釋。當然這樣的理解與詮釋指的是一種回歸自身的理解與詮釋。它一方面是去發現其所存在之境域的意義，而另一方面則指出這個境域意義的發現過程，即是本體意義之所朗現的過程，亦即是心靈主體意義之所朗現的過程。在此，我們發現整個理解與詮釋的過程一方面是由外而內，由上而下，而另一方面則又是由內而外，由上而下的。這種上下、內外通而爲一的方式，使得人之爲人的本性——仁，（仁以感通爲性，以潤物爲用）眞實的開顯，因而一切的疏隔與異化，從而消化，達到圓融無礙的狀態，如此便達到了治療的效用。

---

⑫ 請參看《人生之體驗》，頁34。

⑬ 事實上，儒學的實踐工夫一直是緊扣著這一幾之兩端，宋明儒深入的討論「未發」、「已發」及「涵養」、「察識」均與此密切相關。

⑭ 前揭書，頁28。

⑮ 前揭書，頁37。

三、「是，我在這裡」：體驗的起點

「是，我在這裏」唐先生以這麼簡易的斷語來闡明其理解與詮釋的起點，而此亦即是意義治療之起點。這裏所謂的「是」乃是一無限的肯定，它將一切天所賦予我的，一切現實可能的遭遇都加以承擔、負載，讓它們如如的呈現於自覺心及自由意志之前。唐氏以爲人之爲一個存在，雖是被拋擲的，似乎是偶然的，但當吾人現將此呈現於我之一切，知命而承認之，並全幅同意之，如此一來，則一切偶然皆是如其所如成爲定然的⑯。換言之，當吾人說「是，我在這裡」時，吾人實已從一偶然的存在成爲一定然的存在。吾人已成爲整個生活世界座標的原點，開始了吾人對於這個世界之理解與詮釋。此蓋《易經》鼎卦大象所謂「正位凝命」之謂也⑰。

這個「正位凝命」的過程即是人以其個體在特殊中顯見普遍者的過程，唐氏即謂此即是所謂的聖賢之道，即所謂的參贊天地之化育。人們在自然世界俗情世間中，見眞善美神聖之流行洋溢，立人道以順引地道，而上承天道，這是一極高明而道中庸、至簡至易的圓成之敎⑱。

事實上所謂的參贊即是理解與詮釋，因爲人一旦理解了艱難、詮釋了艱難，同時人便承載了艱難。人心既能承載艱難，即能克服艱難。再說人生本來是哀樂相生的，如能眞懂得哀樂相生之智慧，便可在一剎那間，超越一切人生之哀樂，而這時本身即是人生之大樂⑲。

顯然地，對於生命自身意義之如實詮釋，便隱含了生命躍昇的可能性。而生命之如實詮釋乃是依其意義之所繫的主體所隱含之能動性而發的。它並不祇是客觀事實的描述，它在詮釋理解的過程中即隱含著規範性在裏頭。換言之，生命的詮釋不祇是面對實然這個層面，它是密切關連到應然這個層面的。

生命之理解與詮釋既如上所述的「密切關連到應然這個層面」，用中國儒學傳統的老話來說，我們當可說這即是所謂的「立志」。志者，心之所存，心之所往。如唐先生所說，立志是立一種理想，但這所立的理想是直接爲自己這個具體的個人所立的，不是抽象普遍的；而且這個所立的理想並不是心靈客觀的對象，而是自己個人心靈乃至人格所要體現，而屬於心靈人格之主體的。換言之，是要使此理想，眞實的經

---

⑯ 前揭書，頁58～59。

⑰《易傳》鼎卦大象辭「鼎，君子以正位凝命」。曾文正以爲鼎卦大象辭足可養心養肺。（見《曾文正公日記》辛亥七月。）。

⑱《人生之體驗續編》，頁59～61。

⑲ 前揭書，頁62～63。

由知而貫注到行。如此一來；我們可以清楚的說：與其說立志是立一個人生理想，不如說立志是使自己當前的實際存在成爲一理想的眞實存在⑳。

唐先生一再反覆的強調立志之志不祗是「向」一定的目的，或普遍抽象的社會、文化理想、人生理想，而是由當下之我的實際存在，「向」一理想之眞實存在，而由前者「之」後者，此所謂「心之所之」。這時候的「志」成爲「轉移變化此實際之我，超昇擴大此實際之我的力量」。值得注意的是，唐先生說這不是從文字思辨上所能了解的，必須下一眞實的反躬體會工夫，才能了悟㉑。

有眞正的立志才會有生命眞實而肯槩的理解與詮釋，立志是生命的振拔於流俗之上，是生命的普遍涵攝。它首先將自己擺置在世界之中，進而將世界擺在自己之內。前者是通過世界來爲自己定位，後者則通過自己來爲世界定位。依唐氏看來，惟有如此才能使向上冒起之拔乎流俗的心量，平順的鋪開，而落到實際㉒。

顯然地，唐氏這裏所謂的「把我放在世界內看」，以及「把世界放在我以內看」正相應於陸象山所謂的「己分內事即宇宙內事」、「宇宙內事即己分內事」㉓。前句所重在理解與詮釋，後句則著重於實踐與力行。前句著重的是從平坦攤開的世界中綰起，聳然而立，而後句則著重的是將此平坦攤開的世界收爲一個擔子而承擔之、背負之。

依唐氏所言，「把我放在世界中去看」，這即是在自然世界與人間世界，重新確認我的現實存在地位。這個存在地位一被確立，我才能認識自己的精神，自動的升向廣大高明，以包涵他人與自然。同時，對此地，我也重新瞭解了自己的有限性及特殊性。值得注重的是，當我們對於自己的有限及特殊性有所自覺，並且對於其他人、事、物的有限性及特殊性有所自覺，則這樣的自覺以催促我們邁向一普遍者及無限者，並由此普遍者及無限者迴返而下的要求自己去關切吾人自身及其他人、事、物，如此一來便含有一客觀的意義去理解這個世界及自身，並從而有一實踐的要求㉔。

所謂「把世界放在我之內看」亦即把我之環境眞實的放在我之內看，舉凡一切具體的存在事物之生長成就乃至求此生長成就而生的一切矛盾衝突，一切問題都放在我之內看㉕。唐氏認爲惟有如此才能發生眞正有客觀意義的公志願，進而能依此志願，

---

⑳ 前揭書，頁66。
㉑ 同上。
㉒ 前揭書，頁81。
㉓ 象山二語，見《象山先先全集》，商務版，頁487。
㉔ 《人生之體驗續編》，頁78~80。
㉕ 前揭書，頁82。

作出客觀價值的公事業。如果離開了這樣的方式而奢談理想志願，往往祇有一時開闢心胸的價值，或不免使人陶醉於一主觀的世界，造成人生之躲閃與逃避，這絕不可能達到眞正物我合一的眞實感覺。

唐氏總結他這種「把我放在世界中看」、「把世界放在我之內看」的方式，而形成了一個意義治療的簡易規條，他說「自覺你一生之眞正的痛苦之所在，而思其對於自己與他人同有效之原則性的解決，而盡己之力，與人共求此解決，則你將發生一公的志願，並尋得你所當從事或參加公的事業」[26]。的確，「祇有人在其有一眞正的志願，以主宰其實際存在時，人才眞成爲一頂天立地，通貫內外人己的眞實人格；亦才成爲一能開創文化，成就客觀的社會事業的人格，此之謂眞正明體達用的人」[27]。

明顯地，唐氏所提出的方法旨在強調將人眞能擺置到整個世界脈絡中去理解，並從而使自己眞正理解了這個世界。値得注意的是，這理解的過程並不是一平面鋪展的理解，而是一種調適而上遂之的立體性理解，這樣的理解亦即是前面所述之「明體達用」的理解。這樣的理解使得人的心神得以有向上一機的開顯，同時使得整個世界進入到自己的生命中，開始了所謂的參贊化育之過程。換言之，若將此導入所謂的意義治療來說，它強調的是，作爲人這個主體主動的去掘發人所處存在境域之意義，理解之、詮釋之。如此一來，使得人理想而眞實的（authentic）進入到這個意義世界裡，並成爲此意義世界的座標者，因而人的生命便充滿了意義，從而人亦同時獲得了所謂的治療。

四、「我與你」、「我與它」：兩個存在樣式

唐先生認爲所謂的「明體達用」不祇在這有生之際而已，它是能出生入死，往來於幽明的。因爲作爲人根本基礎的精神主體，它會敦促人超出其身軀之所須而求超越，求昇進，並與別人所求超越與昇進之精神交光互網，一體存在。很明顯的，我們皆知人不祇生活在身體之中，而通常是生活在身體之外的自然世界、家庭國家之人群世界，歷史文化之世界中[28]；人是憑藉此現實之身軀，經由勞動，而將其精神客觀化的顯現出來。此精神客觀化的顯發，將使得人的生命由幽入於明，由虛入於實，連綿而得以賡續不已。唐氏以爲人之生也，生於死之上，並以最後之死成就此一段最大之生，也成就其生活與精神活動的最大存在，「死」非消滅，而祇是暫終，是一線段線

---

[26] 前揭書，頁86。
[27] 同上。
[28] 前揭書，頁92。

頭，用以凸顯整個線段之存在㉙。換言之，死之爲終是足以凸顯其生的，而所謂的「死」是經由「生」之理解詮釋，而知其爲「終」的。唐氏創造性的詮釋了孔子所謂「未知生，焉知死」的觀點。

由於精神是超越於軀體之上的，因此可以上而通極於道，下而入於幽冥之際，前而溯及於祖宗聖賢，後而延續於子孫來者。死者於其將死之一刻，知其精神之將由明以入於幽，然而卻深情款款對生者有其顧念祈盼之誠，則其精神便離於幽而入於明，生者受其感動，則亦可出於明而入於幽以感受死者之精神，進而參贊之，繼起創造之。知死生，通幽明，則以禮樂祭祀爲尙，禮樂祭祀之道亡，則死生路斷，幽明疏隔，形上形下分離，天人之際亦成斷裂，人道於是窮窘而難成㉚。

從唐先生對於死生幽明的疏釋中，我們發現唐先生啓導了一條「人生宗教」之路。作爲人這個獨特的存在，以其超越的精神本心，開發了一條知死生、通幽明的大道；生命之所須求的不是他界彼岸永恆的安頓，而是此界生生不已的投入，這樣的投入即是創造，即是參贊化育。這樣的投入使得人以其個體性，經由特殊之事物而躍入生命之流中，順勢成理，以理導勢，調適而上遂於絕對道體之中，此蓋亦即用顯體之謂也。

顯然的，唐先生這樣的說法指出了精神的永恆，生命的流衍，時間的賡續，而此則具體的表現於當下實存的性情誠敬之中，此即儒家傳統所說的「仁」。仁者，人之安宅也；仁者，惻隱之謂也，源自生命最根源而不可自已的感通振動之謂也。以此感通振動及於古今上下，周浹流注，一體遍覆，此所謂人之安宅也，此所謂天下之廣居也，此所謂四海之內皆兄弟也。此所謂爲天地立心，爲生民立命，爲往聖繼絕學，爲萬世開太平也。

拓深上述所言，我們將可發現儒學最爲根本所強調的「仁」乃是一種「我與你」（I and Thou）的主體互動關係，而不是「我與它」的「主體——對象」的關係㉛。儒學所強調的是通過人的仁心去潤化萬物，參贊萬物，此參贊潤化並不將其所對之萬物視爲對象，而是將彼收歸主體。值得注意的是，這裏所謂的收歸主體，並不是將之據爲己有。而是以主體之精神涵化之，上遂之以通極於道之謂也。換言之，萬物之爲萬物，當其向人顯現時是以其主體的身份，而不是以其對象的身份。萬物既以主體之

㉙ 前揭書，頁92～93。
㉚ 前揭書，頁94～95。
㉛ 此處「我與你」、「我與它」的區分，得自於Martin Buber "I and Thou" 一書的啓發，然所論不必盡同，因筆者是借此語來闡明儒學「一體之仁」的觀點。

身份向人顯現則必與人之主體互相啓發流注，周浹一體。而此一體之爲一體，是通極於道，而形就之一體。

「我與它」是二分的，在其對象化過程中，將使得「我」異化而爲它。（「它」是喪失「一體之仁」的能力的，祇有在「我與你」之中的「我」才具有此能力。）不過這樣的「它」仍潛隱著回復爲「我」的可能性，而這便端在於「一念自覺」與否而已。從一念自覺之「我」便是眞實之我，而異化所成之「它」便是虛妄之我。能一念自覺，遍照所及之上下古今便眞實之上下古今，異化所成之「它」則以其假象之方式而映照上下古今，終而成了虛妄之上下古今。當然「我與它」及「我與你」這兩個不同的存在樣式並不是單面而分開的，他們是交雜而混合爲一的，正因如此，人生之有虛妄與眞實，之有顚倒與復位。

唐先生指出人之所以有虛妄是因人有思想，人能以其思想理解上下古今，但亦可能因其思想而執泥於過去的某事某物，並擴大此某事某物，進而以此擴大之某事某物而倒影於現在，遂形成虛妄。他說「人之爲具歷史性的存在，是人之尊嚴的根源，而亦是人之存在中含虛妄成份的根源」㉜。當然唐氏並不是不喜歡人之歷史性，而是說

㉜《人生之體驗續編》，頁105。

作爲一歷史性存在的人，其存在的關係樣式是有所夾雜的，很可能從「我與你」的關係中走樣而異化成「我與它」的關係，終而形成虛妄。

唐先生深刻的分析了在存在中最常犯的虛妄，此即是謊言，但人之能說謊乃因人有思想，人是一歷史性的存在，而且人是一具內在超越性的存在。因此人可播弄過去之語言，而求一理想眞實之境的來臨。但此之所以爲一謊言則因人誤以爲此言說即可能爲眞實之具現。事實上，人由於思想的能力將過去的經驗躍昇而上提爲某一理想之境，並以此理想之境加之於現實之上，使現實成爲一美好之現實，或有利之現實，或是自己所意願的現實。明顯的，這樣子所構成的謊言之所以爲謊言乃因爲人之所思所想未能通徹於心，上遂於道之所致。換言之，是人一時之間忽略了做爲一個眞實化的人當以「我與你」這樣的存在樣式而存在的。他誤以此「我與它」的樣式代替了「我與你」的樣式，終而久假不歸，謊言乃至其他各種不當之行爲及虛妄於焉造成。

唐先生縷述了七步邁向人生眞實化的方法㉝，但皆不外乎此「我與它」及「我與你」這兩個存在樣式的逆反與轉化。逆反者，由反面的東西之理解，逆回頭而照出此

㉝ 前揭書，頁106～124。

反面之正面。轉化者，轉此反面的東西之理解，化除一切之執著與假相，入歸於道體之中。逆反與轉化實乃「天心即人心」的「仁心」、是生命自覺的動力，彼源之於天，具之於人、是天命之性、是當下之惻隱、羞惡、辭讓、是非所成的「一體之仁」。

「逆反與轉化」此即含一「人生之顚倒與復位」，唐氏簡略而精要的分析了人生諸種可能的顚倒相，並指出由此顚倒相如何復歸其體位的途徑。他總結的說「蓋一切顚倒之所依，乃在吾人之上有超越而具無限性之心靈，而此心靈又必求表現爲現實之有限者；一念沉淪，順此有限者之牽連，遂欲化此有限者成無限，往而不返，即成顚倒，而唯求自見其自身之倒影於外。……夫然，故去此人生一切顚倒性相之道無他，即任此無限之心靈之表現寄託於現實之有限，而又不使此無限者沉淪入有限，而使有限者皆還其爲有限，以相望而並存，復使無限者亦還其爲無限，以昭臨於有限之上；則皆得其正位，以直道而行，而人生亦更無顚倒，其生亦皆爲正生而非邪生，直生而非枉生矣」㉞。唐氏更進一步的指出，吾人若能隨處自證心量之無限，而反觀現實生命存在之有限，並且觀看他人現實生命存在之有限，於是這有限者便各復其爲有限者，這便是所謂的「仁」；讓這些有限者相互制限，而各得其限，這便是「義」，使有限者互尊其限，這便是「禮」，知道有限者之必有其限，這便是「智」。要是吾人能以此仁義禮智之心而曲成天下之有限，則自成其爲無限。我們若能以此仁義禮智之心，充極其量，而同其無限則可無相互之節限可言。這時我們以己之心通人之心，此所謂「仁」；人我同具此心，此所謂「義」；因我有此心而自敬之，並以之敬人，此所謂「禮」；知道人我皆有此心而無所疑，此所謂「智」㉟。

知其爲有限而安其爲有限，進而可知此有限之理解與安頓中而凸顯一眞實之無限，而此無限亦是經由人我、己物之具體感通而成之無限，這樣的無限，是一不休止的實踐歷程之所嚮往，之所邁向的無限，並不是一空想的無限。換言之，當我們眞正清楚的了解到這宇宙一方面是以「我與它」這個樣式而存在時，正是此存在樣式轉化的契機。此是邁向「我與你」圓融無礙的契機。「我與它」的存在樣式是一有限的存在樣式，但「我與你」則是邁向一無限圓融的契機。簡言之，人生之復位，事實上乃是其存在樣式的逆反與轉化罷了。

㉞　前揭書，頁153。
㉟　前揭書，頁154～155。

五、結語：邁向儒家型意義治療學之建立

如開首所示，唐先生在其「人生之路」的諸多體驗之作，是可以導向一儒家型意義治療學之建立的。這樣的治療學是環繞著人生存在的意義而開顯的，而所謂的人生存在是關連著人的本心潤化所及、詮釋所及而成的一套歸本於「一體之仁」的意義世界而說的。這樣的一套意義世界是以「是，我在這裡」這個存在述句爲起點而展開的。「是，我在這裡」，一方面點出了「把我放在世界內看」的理解（詮釋）原則，一方面亦指出了此原則實亦含著「把世界放在我之中看」的實踐原則。這樣的理解（詮釋）與實踐必然地隱含著治療。治療不是外力的加入，而是生命的歸根與復位，是生命的凝聚與開發，是生命之徹通幽明，了知生死，是生命之進入世界之中，而自立其志。能如此，則能去虛妄而返回眞實，去顚倒而復歸正位。

唐先生在《人生之體驗續編》中，一再的隱含著精神世界與俗情世間這個二分的格局，相應於此，他強調精神本心及俗情習心的分別。他強調精神世界與俗情世間雖二分而實爲一體，精神本心及俗情習心實爲一心之二用，因此重要的是如何復歸一體，如何返本一心。筆者在疏釋過程中則將此兩重世界的劃分及一心二用的區別，改以「我與它」及「我與你」這兩個存在樣式來理解，並認定此兩個存在樣式是唐先生

所闡發的儒學義理所涵具的。筆者以爲經由這樣的疏釋與轉化，將可使得唐先生所疏釋的儒學直接面對具體存在的抉擇與實踐，並廣泛的作爲一種意義治療的指針。

或許唐先生得面臨一個嚴重的質疑，所謂「本心之爲無限的，這又如何可能呢？」筆者以爲「本心」在理論上是超越而無限的，此蓋爲一絕對預設，但在長久以來的儒學傳統，就其實踐的角度，此則是一呈現。值得注意的是這「呈現」不能外於其歷史文化、倫常風教所成的存在境域。換言之，有此歷史文化、倫常風教作爲本心開顯之場，才眞有一眞實的世間（authentic world），亦才有精神的眞實理想。當然歷史文化、倫常風教不是一靜態已成之物，而是一動態而創造之歷程，吾人之生即在乎其中，惟願以「是，我在這裡」這個存在述句，進入於此中開顯之，自覺之爾矣！

當然，「是，我在這裡」這個存在述句，首先是以「我與你」的樣式而展開的，然而一旦展開則又極速的與「我與它」這個樣式交錯複雜，糾葛難分；而所謂的「治療」則是此存在樣式的逆反與歸復之不休止的歷程。

第六章 語言的異化與存有的治療
——以老子《道德經》為核心的理解與詮釋

〈提要〉

本章旨在經由「語言的異化」與「存有的治療」這兩個對比性的概念，對於老子《道德經》展開一新的理解、詮釋與重建。

首先，筆者釐清了「語言」之為一種表達，而其表達是表達那存有之所彰顯的事物，這樣的表達乃是一種限定，這即如王弼所謂的「名以定形」。這樣的表達由於橫面的執取所相引拖曳而成的定執之物，造成了所謂的「語言的異化」。再者，筆者指出老子以為對於這樣的異化現象所採取的是一「存有的治療」。而所謂「存有的治療」，是由平常我們橫面的執取所論定的定執之對象反省起的，它經由一種否定性的思考，瓦解了這個定執的結構性之對象，而回到原先之縱向的開展，再而歸返到那平鋪的顯現之場。這是經由否定的思考轉而為平鋪的思考。就此來說，顯然的，這樣的存有的治療法是先於意義的，是先於言說的。

再者，筆者強調道家的「存有的治療」不是經由「意義」而起的治療作用，「意義的治療」是經由意識的定立及主體的認取而成的，而「存有的治療」則要我們回到「意識之前的狀態」，那是一種主客交融，無分別相的狀態，它只是一氣之流行而已。這麼說來，我們這裡所謂的「存有的治療」之「存有」一辭並不是指的一「執著性、對象化的存有」，而是一「無執著性、未對象化前的存有」，不是「對象之一般的存有」，而是一「我與你」這樣所成的「生活世界」下，活生生的實存而有。再者，我們可以說「存有的治療」是一統括的稱呼，其實，它針對著不同的定執，而有不同的破解與迴復的方式。對於文化而言，它可以是文化的詮釋與治療；對於社會而言，它可以是社會的批判與重建；對於個人的心靈，它可以是個人心靈的治療。

一、問題的提出

1.老子一書清楚的點示出的兩個主題，可以說是：語言的異化與存有的治療。這兩個主題，其實是通貫爲一的。就其歷史的發生來說，老子一書之所以會提出這樣的論點，極可能是面對所謂的「周文疲弊」而起，①但這樣的論點之所以會構成，若溯其遠因，則可以回到中國文化的「薩滿敎」（Shamanism）的土壤來說②。

「周文疲弊」是歷史發生的原因，而「薩滿敎」則是使得老子書能成立的文化土壤。這意思是說，道家的興起，老子書的成立，是針對著周文疲弊而提出的治療方針，這樣的一套治療方針，當可以稱之爲「文化的治療」，它是對周文疲弊的治療。其實，這裡所謂的「文化治療」並不是說通過一種文化的途境，而去達到治療的效果，而是說老子書的用意，在於達到文化治療的效果。③至於，比較內裡的說，這套

① 關於此說，請參閱牟先生著《中國哲學十九講》第五講、「道家玄理的性格」，見氏著頁87，學生書局，台北，民國七十二年十月。

② 此請參看張光直所著《考古學專題六講》，第一講「中國古代史在世界史上的重要性」，見該書頁4，稻鄉出版社，台北，民國七十七年九月。

③ 關於將儒、釋、道三教視爲治療學的論點來看，傅偉勳先生首發其端，見氏著〈弗蘭克爾與意義治療法〉，收入氏著《批判的繼承與創造的發展》，頁171－179，東大圖書出版社，台北，民國七十五年六月。又筆者亦曾在一九八八年的「唐君毅思想國際會議」上，宣讀〈邁向儒家型意義治療學的建立〉一文（該文刊載於新加坡出版的《亞洲月刊》，1988年8月，及臺北出版的《鵝湖月刊》，1989年10月。），同時袁保新亦在會中宣讀〈老子思想在現代文化中的意義〉一文，在註中曾提到老子乃是一「具存有學理趣的文化治療學」。（該文見《鵝湖月刊》164期，1989年2月）。

文化治療是通過如何的途徑，筆者則以爲它可以名之爲一種「存有的治療學」。筆者以爲這樣的一套治療方式與中國文化中的薩滿教土壤有密切的關係，它們一樣是建立在天地人我通而爲一的存有的連續觀之上的，或者用張光直先生的說法，是在此「瑪雅—中國文化連續體」下而成立的。④本文並無意於深入處理道家或者老子書與此二者密切的關係，而意在指出關聯著老子書的論述結構，我們將發現他對於語言的異化有著深切的體會，並提出了存有的治療這樣的方案。

2.相對於「語言的異化與存有的治療」，我們似乎隱約可以對比地發現在西方當代對於「異化」與「治療」尤其重視；但我們卻可以發現一更奇詭而有趣的現象，那便是它們談的不是「語言的異化與存有的治療」，而是「存有的異化與語言的治療」。在「語言的異化與存有的治療」與「存有的異化與語言的治療」的對比中，雖然它們彼此所認爲的「語言」與「存有」各有異同，其所面對的事實亦有所不同，但筆者以爲從這樣的對比多少看出中西方對於語言與存有的理解是極爲不同的。正因爲

④ 見張光直前揭文，頁21。

這樣的不同，所以對於「異化」的理解亦有所不同，「治療」的方式亦有所不同⑤。

3. 雖然老子書與今日相去二千餘年，但它所昭示的道理，就今日言之，仍有其日新又新者。因爲老子書所言，不只是針對當時而發的具體問題，而更重要的是由此而引發的根源性問題之探討，像「語言的異化與存有的治療」這樣的論題，是任何一個時代都可能面臨到的，都可以其所論爲借鏡。本文的目的，即在於環繞老子書的原文，而去闡發其對於「語言的異化與存有的治療」之諸多見解，並意圖從中理出頭緒，而邁向於道家型的存有治療學之建立。

二、異化、語言的異化

⑤ 大體說來，西方文化從古希臘的巴曼尼德（Parmanides）強調「思維與存在的一致性」以來經由柏拉圖（Plato）的理型論（Idealism）與亞里士多德（Aristotle）的實在論（Realism）的陶鑄以下，我們可以說它們是一「以說代知、以知代思、以思代在」的傳統，故此所謂的「存有的異化」乃是在此傳統中而造成的，關聯此而有所謂「語言的治療」。老子道家的傳統則不是如此來看待存有，故深知異化乃是一「語言的異化」，而不是「存有的異化」，相對的，語言的異化，須得經由「存有的治療」。

4.「異化」（alienation）一詞，從馬克斯的《一八四四年經濟與哲學手稿》（Economic and Philosophical Manuscripts of 1844）在廿世紀中葉刊行以來，倍受重視，揆其原因，實不外於廿世紀經由二次大戰以後，文化衰頹，人心苦悶所致。異化一詞，隨著時代的差別與各個不同學門的拓深，其義涵亦言人人殊，不過，大體而言，「異化」一辭，可以理解成「亡其宅」（not at home）的意思。⑥如果關聯著孟子所說「仁者，人之安宅也」來說的話，我們說我們都得居住在人性的宅第之中⑦，我們都宜居在人與人的道德眞實感所關聯爲一體這樣所成的宅第之中（如陽明所謂的「一體之仁」即是⑧），如此說來，所謂的「亡其宅」指的正是人之不能處在由人性之怵惕惻隱之仁所成的宅第，也就是如孔子所說的處在「不仁」的狀態。

我們亦可說所謂的「異化」即是處在如老子所說在「無道」的狀態之下。「道」，其實並不是一超絕的形上之體，而指的是一具體而活生生的生活世界，是所謂的「天地」（老子云「天地所以能長且久者，以其不自生，故能長生」（見《道德經》七章），是所謂的「所」（老子云「不失其所者，可以久」（見《道德經》三十三章），或者即筆者所常謂的是一自然之總體（natural totality）（是一自如其如的本然之總體）。⑨所謂的「異化」，其實指的是由此道所成之「自然的總體」所分裂開來的狀態。（或可說即是一「道術爲天下裂」（《莊子》〈天下篇〉）的狀態。

5.值得注意的是，這裡所說的「分裂」亦可以是一積極性展開意義，指的是由那自然之總體的道而展開（如老子云「樸散則爲器」（廿八章），換言之，「異化」若就此而言，是有其必要性的，但我們這裡使用的「異化」一詞，則是消極而負面的意思，它指的是人離了道的總體狀態，人悖離了人性的宅第、亡其宅的狀態。當然，老子是由當時的存在情境省察而得。他說：

---

⑥ 此處所述有關「異化」（alienation）一詞，請參看 Wilfrid Desan『Marxist Semantics』一文，收入氏著《The Marxism of Jean－Paul Satre》一書，pp26－33, Anchor Books, U.S.A，並請參看洪鎌德著《馬克斯與社會學》，第五章、〈馬克思批判性社會學說——人性論〉，頁127－131，遠景出版社，台北，民國七十二年二月。

⑦ 該引文見《孟子》〈告子篇〉。

⑧ 關於陽明的「一體之仁」，請參閱本書第四章〈王陽明的本體實踐學——以《大學問》爲核心的展開〉。

⑨ 關於「自然的總體」之說，請參見林安梧〈道的錯置（一）——先秦儒家政治思想的困結〉一文，收入東海大學編《第一屆中國思想史研討會——先秦儒法道思想之交融及其影響——論文集》，頁102－103，台中、東海大學，民國七十八年十二月。

「民之饑，以其上食稅之多，是以饑。民之難治，以其上之有為，是以難治。民之輕死，以其上之求生之厚，是以輕死。夫唯無以生為者，是賢於貴生。」（七十五章）

「民不畏死，奈何以死懼之？若使民常畏死，而為奇者吾得執而殺之，孰敢？常有司殺者殺，而代司殺者殺，是謂代大匠斲。夫代大匠斲者，希有不傷其手者矣！」（七十四章）

如上所引，我們可以淸楚的發現當時的整個歷史社會總體是如何了。在上者剝削厚斂，民生凋弊，饑饉連年，生民塗炭，難治而輕死。在這種民不畏死的情況下，奈何以死懼之。「民不畏死，奈何以死懼之」，言之何其悽愴，何其悲壯，聞之又何其不忍，顯然的，這已不是單單去喚醒人當如何就可以解決的問題。更嚴重的，這根本就是整個生活世界的問題，如何重建整個生活世界，比起如何去敎化百姓來得重要多了。因爲，問題的重點根本上就不是百姓的問題，而是整個生活世界毀壞了的問題。顯然的，生活世界之所以毀壞，最爲嚴重的是由於「上食稅之多」，是由於「上之有爲」，是由於「上求生之厚」而造成的；但如今問題旣已形成，就不是怎樣去鏟除這些在上者，就可以了事的。問題的關鍵點在於如何去培養一人性的母土，一適合於人性居住的自然母土。

這意思也就是說，我們該當區分「發病的起源」與「發了病之病況」及「此病況之爲何病況」這三個不同的層次。就好像一個人由於打開了窗戶，著涼了，患了感冒，現在要治好這個人的感冒，並不是將窗戶關上，保暖就可以了事的，而是要去了解一下，到底患了那類型的感冒，感染了什麼樣的病毒，該吃什麼樣的藥，該做怎麼樣的休養，才可能痊癒。依老子書說來，其徹底的診斷可以說是「語言的異化」，而提出的藥方則是「存有的治療」。

6. 如上所說「病兆」、「病源」、「病因」這三個層次並不相同。病兆者，言其兆也，言其病之癥兆現象也。病源者，言其源也，言其病之發生起源也。病因者，言其因也，言其病之本質之理也。病兆使我們知道病了，病源則是使我們知道如何致病，但若不了解所謂的「病因」，便無法治病、療病。病兆是 what 的問題，而病源則是 how 的問題，病因則是 why 的問題。這三個層次的問題，在立論上可以分成三個層次，但在實際上則是關連成一體的，往往又難以分別。大體說來，經由老子書的全面理解，我們可以說他所診治的結果，病因在於「整個生活世界病了」，而又如何進一步去說明此生活世界之爲病的病因。換言之，說整個生活世界病了，這是籠統的就其爲一切病的病因而說，而對於此生活世界的現象理解，則是進一步去闡明一更爲內在的病因所在。老子說：

「五色令人目盲，五音令人耳聾，五味令人口爽，馳騁畋獵令人心發狂，難得之貨令人行妨。是以聖人為腹不為目，故去彼取此。」（十二章）

就上所引來說，目盲、耳聾、口爽、心發狂以及行妨，這是病兆；而五色、五音、五味、馳騁畋獵及難得之貨，這是病源。値得注意的是，這是病源，而不是病因，眞正的病因在於那裡？筆者以爲其關鍵點在於「令人」上，到底這些病源如何的讓人致病的呢？王夫之於此言之甚諦，他說：

「目以機為機，腹以無機為機，機與機為應，無機者，機之所取容也。處乎目與腹之中者，心也。方且退心而就腹，而後可以觀物，是故濁不使有心，清不可使有跡。不以禮制欲，不以知辨志，待物自敝，而天乃脱然。」⑩

我們的「目」（眼睛）是一投向外的機竅，這樣的機竅是一趨向於執著性與對象化的機竅，這與「腹」（肚子）便不相同，它是一迴向內的機竅，這樣的機竅是無執著性的、非對象化的，它回返於內，而只是一自然而無執著的機竅。那種執著性的機竅使得我們所發的機竅相應而連結在一處，成爲一定執了的機竅。須知，只有那無執著性的機竅才是一切機竅之所可以取得其容身之處，也就是說唯有經由此無執著性的涵納才能使得一切的機竅不會往外奔馳，而成爲一定執於對象化的存在物之上的機竅。一切的機竅之爲機竅，它可能成爲一有執著性的、對象化的、定執的機竅，或者可以是一無執著性的、未對象化的、不成定執的機竅，其關鍵點就在於「心」。要是果眞我們能將我們的心退返到那無執著性的、未對象化的狀態中，這樣才可能如其爲物之在其自己的觀物。如此說來，我們遇其混濁，最要緊的是不可讓我們的心就往外掛搭在上頭，即使你的心地是清明的，你也不可以守著這種清明的痕跡，心之爲心，要回返到無執著、未對象化的狀態。不要用禮去克制欲望，不要用心知去辨明心的意向，且讓外物之爲外物，順其自然的凋弊（因爲你不執著住它，它便失去擙援，它便自然凋弊），而整個生活世界才能從這些執著性的、對象化的定執中解放出來，而回復爲一生活世界。

7.如上所作的理解與詮釋，我們可說問題的關鍵點在於「心」之投向外而成爲一定執的、執著性的、對象化的機竅，使得這樣的機竅與那些天生的機竅（如耳目口鼻

⑩ 見王夫之《老子衍》，頁4，河洛出版社，台北，民國六十四年五月。

等等）成爲機竅與機竅相應而成定執於對象物，爲此對象物所牽引而離其自身這樣的機竅。換言之，問題點在於「機與機爲應」或者是能「無機者，機之所取容也」。「機與機爲應」陷入一定執之機、對象化之機中，如此已離其自身之爲機，這時的心便處在我所謂的「亡其宅」的狀態，這也就是一「異化」的狀態，是從那自然之總體而分裂脫離開來的狀態。這樣的「異化」狀態，就其表面而言，我們可以說是整個生活世界的異化與毀壞，但就實而言，我們知其爲「機與機爲應」而定執所成的狀態。這樣的狀態，筆者將名之曰「語言的異化」。

8.須得先提出說明的是，筆者之所以用「語言的異化」一詞，而不用「生活世界的異化」，不用文化的衰頹與異化等，這是因爲我們若用「生活世界的異化」或者「文化的衰頹與異化」等，只能說是對於亡其宅的「異化」現象做出了表象的詮釋與描寫而已，並未眞正指出其爲異化的起因與理由。用「語言的異化」一詞，則一方面可以做爲異化狀況的描述語，一方面則亦可做爲異化狀況之起源，更重要的則是它可以作爲異化狀況之根本因由的詮釋與說明。換言之，「語言的異化」一詞，不但足以說出其「病兆」，亦可以說出其「病源」，更可以說出其「病因」。再者，須得一提的是，在老子看來「語言」並不是一不必要的東西，語言是必要的，存有之道的展開便是通過語言而展開的。不過，由於不切當的展開而造成了所謂的「異化」狀態，其實，這種不切當的展開情形，即是我所謂的以一種語言的異化的展開方式而造成的異化。

9. 關於此問題，老子書的第一章便淸楚的點示出這一點，他說：

「道，可道，非常道；名，可名，非常名。無名，天地之始；有名，萬物之母；故常無，欲以觀其妙；常有，欲以觀其徼。此兩者，同出而異名，同謂之玄，玄之又玄，衆妙之門。」（第一章）

上所引這段話，言人人殊，頗難索解，筆者以爲此段話正可闡明如上所說之「言說的異化」的狀況。玆進一步分疏如下，就「道，可道，非常道；名，可名，非常名」這是說：那自然總體的存有之道，可以通過言說而開展的，但這樣子通過言說而開展者，並不是常道，不是那恆常的自然總體的存有之道。（那自然總體的存有之道其實是不外於我們的生活世界的，生活世界是不外於言說所成的世界，因爲它就在言說的開展中而成的一個世界，如果把言說取消掉了，那便不成其爲生活世界了。）言說如其爲言說這樣的言說，它必得經由言說之開啓而展開，但這樣的展開，並不是那如其爲言說這樣的言說。這正如王夫之所說：

「可者不常，常者無可。然若據常則常一可也，是故不廢常，而無所可，不廢常則人機通，無所可，則天和一。」⑪

可道不是常道，可名不是常名，「可」指的是言說的展開，而展開若無所返、無所化便通向於對象化的定執之域，一旦陷入此對象化的定執之域，則它便不再是「常」。「常」指的是如其本然，不再是「如其本然」便是處在所謂的「異化狀態」。須知：如其本然的狀態便不能是一對象化的展開所成的定執狀況。如果我們果眞能以如其本然爲據（其實，此即是以無據爲據），那麼我們便能說這樣的如其本然便是一如其本然而開啓的生活世界。如此說來，我們若能不廢除那個「如其本然」，那麼我們這樣所成的生活世界便是一非對象化、無所定執的世界。因爲果眞我們能不廢此如其本然而開啓的生活世界，那麼人所具有天生的機竅是無所不通達的，既然是非對象化、無所定執的，那麼那自然之總體便是和諧，而如其本然的是一個自然整體。

10.就「無名，天地之始；有名，萬物之母；故常無，欲以觀其妙；常有，欲以觀其徼」而言，這是說，未言說之前的未展開狀態，是一切展開的可能，或者說成爲一切展開的底依，老子這裡便說是「天地之始」。這是說言說未展開的狀態乃是一切展開的可能，這「可能」指的是一個「天地」，是一個平平攤開的「場域」。言說的開啓，才是萬有一切存在的根源。言說未展開只是提供了一平平攤開的場域，這是如其本然狀態，而言說一旦開啓，就不再如此，而可成爲萬有一切的根源。換言之，言說之展開才使得此平平攤開的場域顯現爲一活生生、萬物自生自長的生活世界，就此而言「萬物之母」。天地之始是就「無名」而說的，萬物之母則是就「有名」而說的。「天地」與「萬物」是不同的，天地強調的是一「場」與「生活世界」的概念，而「萬物」強調的則是一在場中之存有物的概念，當然其存有物之爲存有物又是變化遷流、永不止息的⑫。在老子《道德經》中，頗爲強調萬物自生自長，各任其可的作用，但此自生自長，各任其可之所以可能，則在於「天地」。

11. 以「天地」而言其「無」，這是就其之爲一切開顯的依憑（水平）（horizon）而說的，因爲這裡所謂的「依憑」是要回到一無所定執、無所對象化的

---

⑪ 見前揭書，頁3。

⑫ 牟先生於此似將「天地」解爲萬物之總稱，而以爲「萬物」是就天地之散說，並說「天地與萬物，其義一也，只隨文異其辭耳。」（見氏著《才性與玄理》，頁130，學生書局印行，民國六十四年四版）筆者以爲如此，則未能將老子之「天地之場」的概念豁顯出，無法將老子所强調之「生活世界」之概念豁顯出，這可能肇因於牟先生仍繫屬於主體來理解道家。筆者於此重在從「生活世界」爲進路來理解道家思想。

原點狀態的。「無」一方面指的是此「依憑」的狀態，而另方面則又是要達到此「依憑」的「工夫」。然而「無」之爲無乃是一「損」的工夫，是經由一否定性的思考（negative thinking）而成的。這種「損」的工夫以及「否定性的思考」之爲「損」，之爲「否定」必得由一「有」、一「肯定的定執的存在」而損之、而否定之。換言之，要歸返老子所謂的「天地」，必得由「萬物」爲思考的起點，才能有所著力。是要由「萬物並作，吾以觀復」（十六章）才爲可能，經由這種「觀復」的工夫，才能見到「夫物芸芸，各復歸其根」，而所謂的「歸根」便是「靜」，這就叫做「復命」，復命即是常，而知常曰明，不知常妄作凶。其實，「觀復」是就「萬物」這層次上說，而「歸根」則是就「天地」這層次上說，「觀復」是由萬物之跡而復歸之，而「歸根」則是進而歸返於「天地」這個無所定執，如其爲可能的「依憑」。能經由「觀復」的工夫，所以能「常有，欲以觀其徼」，能經由「歸根」的工夫，所以能「常無，欲以觀其妙」。這樣說來，我們可進一步的指出，終極的說，「有」與「無」本是一體的，因此而說「此兩者同出而異名，同謂之玄，玄之又玄，衆妙之門。」，也因之我們能說「天下萬物生於有，有生於無」（四十章），這裡所說「天下萬物生於有」一句，即如「有，名萬物之母」，而又說「有生於無」，這是說：那天下萬物是在天地之中開顯的，是回到一無所定執，坦然放開的「依憑」（「天地」）而開顯的。

12.如上所說，我們可以約略的說：老子《道德經》所呈現的是一「否定性的思考」，是一歸返於依憑的天地，這樣所成的「平鋪式的思考」（horizontal thinking）。否定之所以爲否定爲的是化解掉那定執的存有，而平鋪式的思考則爲的要歸返一個原初的天地。顯然的，這樣的思考是有見及於「語言的異化」，而思有以救濟之所成的一種思考。這種救濟的方式即是「存有的治療」。

13.相對來說，存有的開顯先是一「平鋪的展開」，但經由人心的作用則產生一「縱向的開展」，這縱向的開展使得存有以一連續觀的方式而展開，關連著它，則又擺向一「橫面的執取」這樣所成的定執，這樣的定執便造成了所謂的「異化」。由平鋪的展開進而說縱向的開展，這便將存有進到了時間而開啓了歷史性的問題，然而歷史性之爲歷史性還不是這樣的單純之存有之縱向開展的問題而已，値得注意的是此存有之縱向的開展必得落實而爲一橫面的執取，這樣才有了限定性之問題，因而「歷史性」才不再只是一掛空的就其爲存有之開展來說，而是能就一限定性來說其爲歷史性。這種「橫面的執取」造成了我前面所說的「語言的異化」的情形。老子於此「橫面的執取」而造成的「語言之異化」言之甚詳。老子說：「天下皆知美之爲美，斯惡矣！皆知善之爲善，斯不善矣！」（二章）

美如其美而開顯之，這樣的「美」不與「惡」對舉，既不與「惡」對舉，則這樣的「美」無突兀相，非一定執之美，此之爲眞美。善如其善而開顯之，這樣的「善」不與「不善」對舉，既不與「不善」對舉，則這樣的「善」便無突兀相，非一定執之善，此之爲眞善或亦稱之爲「德善」（「不善者，吾亦善之，德善」（四十九章））。問題在於只是善美如其善美的開顯之，這樣的善美是不能「知之」的，要落於「知之」的層次，必得經由一對象化之活動，此對象化之活動其最爲明顯的是「語言之活動」，而一旦落入語言之活動，便會產生所謂的「異化」。如老子之所說「天下皆知美之爲美，斯惡矣！」問題的關鍵點在於「知」，尤其在於「皆知」上頭。「知」指的是「執取」，而「皆知」則是我這裡所謂的「橫面的定執」，而這樣的「橫面的定執」乃是由於一人數之衆多而產生一人心之橫面的拖曳而成的。這裡我們發現老子不只注意到一般知識論上的問題，更且注意到了知識社會學這樣的向度，值得我們關注。

如前所說，由於人心的橫面之相引拖曳而執成的橫面的定執造成了語言的異化，爲了免除此語言的異化，老子呼籲要「處無爲之事，行不言之敎」（二章），這樣才能「萬物作焉而不辭」（二章），才能「生而不有，爲而不恃，功成而弗居」（二章）。再者，若順前所說，存有之開展先由一平鋪的開顯，繼而由一縱向的開展，落而爲一橫向的執取，終而使得存有成爲一對象化、執著性的存有，而由於此橫向之執取之相引拖曳而造成了語言的異化。

14. 我們既然清楚的理解到「語言的異化」是如何的展開的，那我們便可以發現這種異化乃是在一種對象化、執著性之橫向之執取的相引拖曳而造成了一相互對反的情形。老子說：

「大道廢，有仁義；智慧出，有大偽；六親不合，有孝慈；國家昏亂，有忠臣。」（十八章）

仁義之名的出現是落在「大道廢」的狀態下而對反出來的，一有智慧之名，便連帶的有了大僞，在六親不合的情況之下，其所對反的便是「孝慈」的強調，而所謂的「忠臣」便是在國家昏亂的情形之下對反而出的。顯然的，語言的異化與存有的開展有非常密切的關係，我們這裡之所以特別標明其爲「語言的異化」，並不是語言本身開顯有此異化的情形，而是關聯著整個存有的開展而論說的，當然存有之開顯是就整個歷史社會總體與廣大的生活世界而展開的，說「語言的異化」自然是落在整個歷史社會總體與廣大的生活世界上立說的。在此歷史社會總體與生活世界的對比下，語言的異化除了是在一對象化、執著性之橫向之執取的相引拖曳而造成了一相互對反的情形，它還會以一種歷史的延續般的方式交相接引而成。這樣的交相接引是在一歷史性的執定之下而展開的，它當然亦在一對象化、執著性之橫向之執取的相引拖曳而成的對反下的衍申，老子說：「失道而後德，失德而後仁，失仁而後義，失義而後禮，禮者，忠信之薄，而亂之首。」（三十八章）從這裡，我們顯然的可見「道、德、仁、義、禮」諸言說是如何的異化而一步步的向下衍申。

15.綜上所述，我們可說「語言的活動」若就其起源來說，或可說是起於「名」，沒有「名」則不足以說其爲一語言的活動。在老子書中，「名」至少可以分爲「常名」、「可名」與「定名」三種。就一般而言，語言的活動可說是一對象化的活動，而老子書中所謂的「常名」則是使得「名」（或者說「可名」）的活動成爲可能，換言之，有了「常名」才爲「可名」，由其爲「可名」再展開爲一定執的、對象化的活動，這是經由「主客分立」，再經由主體用一「名」而對象化以指向一對象物的活動，此即「定名」。王弼所謂的「名以定形」即指的是這樣的執取的、對象化的活動[13]。由「常名」而「可名」，再而爲「定名」，這是一由道之「平鋪的開顯」而「縱向的開展」，再落實而爲一「橫向的執取」的過程。所謂的「語言的異化」當然不是就「常名」說，也不是就「可名」說，而是就「定名」說的。

三、治療、存有的治療

16.如前所說，我們可以總括的說：語言之爲一種表達，是表達那已彰顯之物。語言本身並不是去彰顯，而是去就其所彰顯的而加以限定之。王弼所謂的「名以定形」即可作如是之理解。再者，我們亦可更進一步說，一切爲吾人心知所能理解掌握者都是語言之表達，而這樣之語言的表達乃是由存有之平鋪的開顯轉爲縱向的開展，進而爲橫向的執取所成的定象性、執著性、對象化的存在，如果因此橫向的執取之相引拖曳則成一異化之對反而定執的存在，這便造成了嚴重的「語言之異化」的情形。對於這種「語言之異化」的情形之克服，即如前面所隨文點示的「存有的治療」。就老子《道德經》其所開啓的治療學，我們可以發現它並不是以主體的自覺爲中心的，相反的，他是反主體主義的。他不是縱面的思維方式（virtical thinking），而是平鋪的思維方式（horizontal thinking）。他不是肯定性的思維方式（positive thinking），而是否定性的思維方式（negative thinking）。他不是單線式的思維方式（linear thinking），而是圓環式的思維方式（circular thinking）。不是建構性的思維方式（constructive thinking），而是解構性的思維方式（deconstructive thinking）。這樣的治

⑬ 見王弼注《老子道德經》，第廿五章。

療學與儒家的意義治療學形成一強烈的對比，而與心理學爲主的治療學亦有頗多的不同，值得我們注意。⑭

17.老子所展開的「存有的治療」並不同於儒家的「意義的治療」，這可以追根究底的就彼此對於世界觀與宇宙觀理解與詮釋之不同而見出其分野。儒家的「體驗式的詮釋」是以人的「主體」爲核心的，而且又肯定此主體是通極於道體的，所謂的「體驗」乃是透過生活體驗感知所及而迴返於生命之自身」這樣的活動——即「驗之於

---

⑭ 弗蘭克（V.E.Frankl）提倡所謂的「意義治療法」（Logotherapy），他自承此治療法是「第三維也納心理治療學派」，它的焦點放在「人存在的意義」以及「人對此存在意義的追尋」上。依弗蘭克所說此種存在意義的追尋，是一個人最基本的動機。他以爲佛洛依德心理分析學派（Freudian Psycho－analysis）所强調的是享樂意志（Will－to－Pleasure），而阿德勒心理學派（Adlerian Psychology）所强調的則是權力意志（Will－to－Power），他自己所建立的意義治療法强調的則是意義意志（Will－to－Meaning）。如其所說，意義治療法較諸心理分析，它較少回顧（retrospective）與內省（introspective）的方法，它的焦點放在於將來，放在病人將來所要完成的工作與意義上，這是以心靈層面爲核心的心理治療。筆者以爲儒家型之意義治療學與弗蘭克式之意義治療學接近，但仍有不同者，因儒家「一體之仁」的世界觀及其所强調的是一體驗的理解與詮釋方法，這與弗蘭克之追求意義的意義之意志仍有不同。以上所論，請參見氏著："Man's Search for Meaning"（《活出意義來——從集中營說到存在主義》），第二部「意義治療法的基本概念」，趙可式、沈錦惠合譯，光啓出版社，台北，民國七十六年十月四版。又見"The Doctor and the Soul"（《生存的理由——與心靈對話的意義治療學》），游恒山譯，遠流出版公司，台北，民國八十年七月。

體」，當其迴返於生命之自身則使得其所涉及之生活感知體驗各有所安，各復其位——即所謂的「以體驗之」。「驗之於體，以體驗之」是一個圓圈的兩個來回，是同時俱現，無分先後的。它一方面去發現其所存在之境域的意義，而另方面則指出這個境域意義發現之過程即是道體朗現的過程，亦即是心靈主體意義之所朗現的過程。儒家這樣的意義治療學是以「是，我在這裡」作爲體驗的詮釋起點而展開的，是由那人的主體自覺而進到這個世界之中，以「我與你」（I and Thou）這樣的存在樣式而展開的，這是孟子所謂的怵惕惻隱之仁，是陽明所謂的「一體之仁」而開啓的⑮。儒家重的是「主體的自覺」，而道家所著重的則是「整體自然的顯現」。儒家由主體的自覺，由一體之仁，由致良知，終而進一步談宇宙之創生，談良知是造化的精靈，這是由主體之通極於道體而開顯者，道家則是由整體自然之顯現，順化自然，無爲天成，萬物並作，吾以觀復。儒家之所重在於縱面的創生，而道家則重在一平鋪的開顯。儒家重在主體的自覺，道家則是落在如何的去除心知的執著，歸返於存有自身上用工夫。

⑮　請參看本書第五章〈邁向儒家型意義治療學的建立〉一文。又請參看唐君毅《人生之體驗續編》，頁58至59，學生書局，台北，民國六十七年四月再版。

18.值得注意的是，這裡所謂的「存有」並不是一「實有的存有」這樣的存有，不是一對象化一般之存有這樣的存有。存有乃是「生命開顯之場」，是一生命之開顯的「依憑」，是老子所說的「有、無玄同」，這樣的有無玄同是同出而異名。「無」指的是「天地之始」，而「有」則是「萬物之母」。存有之爲存有，依老子看來，乃是萬物在天地之場中自如其如的開顯其自己，這樣的開顯乃是一平鋪的顯現，這平鋪的顯現隱含著一自發的秩序（spontaneous order），這自發的秩序即是老子所謂的「常」[16]。當然這裡所說的「常」並不是一執著性的「定常」，而是一自如其如的、平鋪的開顯這樣所成的生活世界之常，這樣的「常」，乃是一「歸根復命的常」，是一「萬物並作的常」。如此之常即是「常有之常」，是「常無之常」，是「常道之常」，是「常名之常」。

19.釐清了老子《道德經》中的「存有」之爲有無玄同，之爲萬物並作於天地之間這樣自如其如的開顯其自己。如此說來，我們可說「存有」之爲「存有」，就其自身是一超乎言說或者是未可說的狀態的，然而存有之爲超乎言說及未可說，這並不意味著存有即密藏於此，而無所開顯。如其爲密藏於此，無所開顯之存有，則吾人亦不必意及此，而此存有亦不成其爲存有矣！換言之，存有之爲存有，雖有其不可說或超乎言說者，但此必得有其爲可說，才得彰顯，此即老子首章之謂「道可道」，「名可名」也。由不可說或超乎言說而開顯爲一可說，此即所謂的「道生一」是也。再者，存有之開顯既如此所說「道生一」，是由那不可說、超乎言說而開顯爲一可說，而此「可說」既爲可說，吾人當可以說其可說，這裡所謂的「說其可說」，此即「一生二」是也。由「道生一」、而「一生二」，由「不可說而可說」，進而「說其可說」，這樣的存有的開顯是由那「平鋪的開顯」而轉爲「縱面的展開」，再轉向「橫面的執取」。此橫面的執取乃是由此「說其可說」而及於一對象化、執著性的對象物，如此才是「二生三」，至乎此「二生三」，我們才「說出了對象」，而這樣的說出了對象物，是一種定執的說，是一種對象化、執著性的說，這樣的說由於那橫面之執取的相引而拖曳，而造成了所謂的「語言的異化」⑰。

20. 關聯著上述所說的語言的異化，我們可以進一步的指出：對於這種語言的異化的克服，老子所採取的是存有的治療，而所謂「存有的治療」著重的是歸返到存有自

---

⑯ 石元康於〈自發的秩序與無爲而治〉一文中對此自發的秩序論之甚詳，見《國立台灣大學創校四十周年國際中國哲學研討會論文集》，頁449至463，國立台灣大學哲學系，民國七十四年十一月，台北。

⑰ 以上所論是關聯著《道德經》第一章、第四十章及四十二章來解說者。

身，自如其如的開顯其自己，而這樣的開顯是一「平鋪的開顯」，而不同於儒家之爲一「縱貫的創生」。在這平鋪的開顯裡，老子之所重的是生命的開顯之場的概念——即是「天地」這個概念。他說：

「天長地久，天地所以長且久者，以其不自生，故能長生。是以聖人後其身而身先，外其身而身存。非以其無私邪，故能成其私。」（七章）

「道常無名，樸，雖小，天下莫能臣也。侯王若能守之，萬物將自賓。天地相合以降甘露；民莫之令而自均。」（三十二章）

「天地」之所以能長久，是因爲它並不作主，它提供了一個生命的開顯之場，並且自如其如的開顯其自己。正因爲天地是不自生的，所以能長生，如果天地是自生其生的，那就不能長久了，也就不能成其爲天地。天地並不是一空間的概念，不是一定執的處所之概念，而是一可能性的概念，這樣的可能性指的是一生命的開顯之場這樣的可能性。若關連著存有的開顯來說，「道」之爲「道」其所指的是一「超乎言說」、「不可言說」的寂靜虛無狀態，而「天地」則是由此「超乎言說」之「不可說」的寂靜虛無狀態再轉而爲一「可說」的狀態，當然「可說」的狀態是以「超乎言說」及「不可說」作爲根源的，老子所謂「無名天地之始」即此之謂也。由「道」之轉而爲「天地」，這是由「寂靜虛無的狀態」轉而爲一「平鋪的開顯」，而一進到「天地」，便由此「平鋪的開顯」再轉而爲一「縱貫的展開」，這便是這裡所謂的「天地相合以降甘露」，順著虛無寂靜的狀態而爲平鋪的開顯再轉而爲縱貫的展開，這仍只是自如其如的顯現而已，這並未落入人們心知的定執之中，所以是無所異化的。因爲它仍只是一可說，而由此「可說」轉爲「說其可說」而已，並未落實到「說出來了」，它仍然只是「一生二」，「二生三」，還未進到「三生萬物」的情況，故無所謂的「語言的異化」。蓋語言的異化乃起於「橫面的執取」所拖曳相引而成者。存有的治療之能對於語言的異化產生治療即在於從此「橫面的執取之相引拖曳而成的狀態」解放出來，歸返於存有之在其自己，回復至縱貫的展開，乃至平鋪的開顯。

21.顯然的，老子對於「語言的異化」的治療之道並不在對於語言的重建，而是在於語言的瓦解，值得注意的是這裡所謂的「語言的瓦解」並不是以一定執的方式去瓦解語言的結構，而是回到一切表達的源頭——無名。換言之，就表層看來，老子的否定性思考好像是用來對治語言的異化的，其實，它根本上並不是「對治」，而是「超克」，而其超克乃是一「渾化於一」的超克，是著重於「生命的休憩之所」這樣的超克。因爲老子深知「語言」的特性在於「限定」而不在於「顯現」，語言乃是如其爲存有之開顯而進一步以限定者，並不即是存有之開顯，亦不是存有之安宅，相反的，存有才是語言之安宅，值得注意的是「存有之爲存有」乃是一非定執的存有，以其爲非定執的存有所以爲存有也。老子說：

「知，不知，上；不知，知，病。夫唯病病，是以不病。聖人不病，以其病病，是以不病。」（七十一章）

如上所言，所謂「語言的異化」乃是經由心知的橫面執取相引拖曳而成者，其克服超越之道乃在於去瓦解此語言的構造，瓦解此心知之橫面的執取。「知」、「不知」，其所指的是對於那心知橫面的執取之相引拖曳而成的定執，能通過一種否定的方式瓦解它，如此摧破了此語言的構造，而回到存有之自身，這是極爲可貴的。對於一心知橫面的執取不但一無所知，而且以爲自己是有所知的，這樣的知乃是一種語言的異化下的產物，這樣的知便處在病態之中。唯有破除了這種語言的異化，對於心知橫面的執取能有一徹底的瓦解，這樣才能免除語言的異化之病。這裡，我們顯然的可以看到《道德經》所強調的是通過一種否定性的思考方式，去瓦解心知的定執、及語言的異化，而回到存有之自身。就實而言，這種否定性的思考方式之所以能瓦解語言的異化與心知的定執，則是因爲老子先預取了存有之爲存有這個生活世界的概念做爲基礎始爲可能。這也就是說，否定性的思考之能產生的解構作用，並不是虛無主義的瓦解一個定執之物而已，而是要回到一個生命的開顯之場——「天地」之中，而天地是存有（道）平鋪的開顯。

22.如上所說，換言之，否定性的思考之所以能回到存有自身，這是因爲預取了一個存有開顯的「依憑」，經由否定性的思考而回返到這個「依憑」，使得存有自如其如的開顯其自己。這也就是說，這裡所謂的否定性的思考並不是兩橛式的否定，而是一種回返的否定。老子所謂：

「曲則全，枉則直，窪則盈，敝則新，少則得，多則惑。是以聖人抱一為天下式，不自見故明，不自是故彰，不自伐故有功，不自矜故長，古之所謂曲則全者，豈虛言哉！誠全而歸之。」（廿二章）

依王弼看來：

「不自見，則其明全也。不自是，則其是彰也。不自伐，則其功有也。不自矜，則其德長也。自然之道，亦猶樹也，轉多轉遠其根，轉少轉得其本，多則遠其真，故曰惑也，少則得其本，故曰得也。一，少之極也。式猶則之也。」（廿二章《王弼注》）

顯然的，這是將否定性的思考與迴返道之自身做了恰當的結合起來。這樣的結合是回到一個存有之自如其如的開顯其自己的整體，這樣的整體乃是一「根源性的整體」，所謂「抱一爲天下式」的「一」便指的是這「根源性的整體」。這樣的根源性整體是一切展開的起源，它沒有執著性與對象化，而是處在一寂靜虛無的狀態下的，此即所謂「一，少之極也」。蓋「一，少之極也」，這不是數目之少，而是言此根源性之整體也。所謂「曲則全者」，這是經由否定性的迴返之道，而歸復到根源性的整體之中，蓋「誠全而歸之也」。這也就是說經由對於那橫面的執取所相引拖曳而成的定執之物做一否定，而歸回到縱面的開展，進而回到平鋪的顯現之所以可能的虛極寧靜狀態。老子所謂「致虛極，守靜篤，萬物並作，吾以觀復。」（十六章）所指亦是如此。

23.存有之道的開顯，或可名之曰：「作用的表象」⑱這作用的表象是經由「平鋪的顯現」，再轉而爲縱面的展開，進而有一橫面的執取，再由於此橫面的執取所相引拖曳而成一定執之物，而造成了所謂的異化。老子深知此，故提出了「道生之、德畜之」以克服異化的論點。老子說：

「道生之，德畜之，物形之，勢成之，是以萬物莫不尊道而貴德。道之尊，德之貴，夫莫之命而常自然。故道生之，德畜之，長之育之，亭之毒之，養之覆之，生而不有，為而不恃，長而不宰，是謂玄德。」（五十一章）

此所謂的「道生之，德畜之，物形之，勢成之」可與「道生一，一生二，二生三，三生萬物」合看，「道生之」（或即「道生一」），這是就那根源性的整體之自如其如的顯現而說者，這是道之在其自己平鋪的顯現其自己而說者。「德畜之」（或即「一生二」），這是就其此平鋪的顯現其自己而轉爲縱向的開展，而含畜於其中，

⑱「作用的表象」一詞爲牟先生所用，見氏著《中國哲學十九講》，第七講：「道之『作用的表象』」，頁127至156。學生書局，民國七十二年十月。

具有一轉向橫向之執取的可能。「物形之」（或即「二生三」）則是轉向了此「橫向之執取」，然此橫向之執取而成就了一對象化執著性的對象物，如此之對象物不一定是異化之對象物，而只是分別的對象物。然而若此對象物之交相接引而拖曳則轉成了一異化者，其勢爲不可挽，則造成了異化。換言之，「物形之」此尚不是異化，而「勢成之」（或即「三生萬物」）若無尊道貴德則造成了所謂的「異化」。

顯然的，所謂的「尊道貴德」是瓦解了那「橫面的執取」所相引而拖曳而成的「定執之對象」，而後歸反到「縱面的開展」，終而回到存有之「平鋪的顯現」其自己。存有之爲存有是以平鋪的顯現其自己，而不是以一對象化的方式去展現其自己，它是「莫之命而常自然」的。「莫之命」者，言其爲無所定執，無所對象化之開展也，即此自如其如的開顯即是所謂的「常自然」，「常自然」意味著自發的秩序（spontaneous order），一回到此自發的秩序所成的自如其如的可能之中，即此生活世界便自如其如的開顯其自己。如此一來，便能長育萬物，亭毒萬物（使萬物安而定之），長養覆育萬物。這種「生而不有，爲而不恃，長而不宰」的德性便不是一定執之德，不是一對象化之德，因此名之曰「玄德」。玄德者，玄同之德也。是就那未分別狀態下，超乎言說下而言的整體根源性之德也。顯然的，這是說吾人可以通過「玄德」這樣的「存有的治療」，而去治療那「語言的異化」。

24.老子「存有的治療」並不只是回復到那不可說的「存有之在其自己」而已，更值得注意的是，它更以「母子迴返，相爲知守」的方式來說明其既爲歸復，又是展開，即歸復、即展開，兩者合爲一體。老子說：

「天下有始，以為天下母。既得其母，以知其子，既知其子，復守其母，沒身不殆。」（五十二章）

「天下有始，以爲天下母」，「有始」指的是一個整體的根源性，此根源性若就其不可說或超乎言說者言，當是老子所謂的「無名天地之始」。然此無名天地之始，只是虛說，而不能只停留於此不可言說或超乎言說的狀態，而須得由之而轉爲「可說」，既轉爲可說便是「有名」或「有」的狀態，此當是老子所謂「有名萬物之母」是也。這裡，我們可說「無」或「無名」這天地之始，這樣的整體之根源性的描繪只是虛說的根源，若落實而說的「根源性」則當是就「有」或「有名」這萬物之母來立說，老子所謂的「始制有名」（三十二章）亦可合看而知。虛說其根源性與實說其根源性，此還其爲根源性也。虛實仍只是就此渾然之整體而不同之說法而已。若合著來看亦可以說是「天下萬物生於有，有生於無」，「萬物生於有」是實說其根源，是就

「母」而說；若就「有生於無」而言，則是虛說，此是就「始」來說。既進到那根源性的整體，則由此整體之根源性所作「平鋪的顯現」，當以此爲本而指向那「執著性、對象化的存在物」，對之採取一恰當的司理，這便是所謂的「既得其母，以知其子」。這是由那整體之根源性的「平鋪的顯現」來保存那因之而轉爲「縱向的開展」再轉爲「橫面的執取」的定執之物。値得注意的是，這並不是單面的，而是雙向迴返的。由那「橫面的執取」所展拓的定執之物，當通過迴返之道，回到存有的根源，此所謂「既知其子，復守其母」，這樣「母子迴返，相爲知守」的歷程，顯然的是一圓環式的思考，而不是單線式的思考。於此，我們可以說老子「存有的治療」並不是單線的回歸或者推擴，而是圓環式的、首尾一貫的相知相守。從此也可以充分的看出老子所謂的「道」（即此所謂的「存有」）並不是一超乎世界之上的夐然絕待之物，而是與整個生活世界合而爲一的根源性整體。

四、結論

25. 如上所論，我們可以從老子《道德經》中看出它所以爲的「語言」乃是一種表達，而其表達是表達那存有之所彰顯的事物，這樣的表達乃是一種限定，這即如王弼所謂的「名以定形」。這樣的表達由於橫面的執取所相引拖曳而成的定執之物，造成了所謂的「語言的異化」。老子以爲對於這樣的異化現象應施以「存有的治療」。當然，「存有的治療」，是由平常我們橫面的執取所論定的定執之對象反省起的，它經由一種否定性的思考，瓦解了這個定執的結構性之對象，而回到原先之縱向的開展，再而歸返到那平鋪的顯現之場。這是經由否定的思考轉而爲平鋪的思考。就此來說，顯然的，這樣的存有的治療法是先於意義的，是先於言說的。

26.顯然的，老子所開啓的「存有的治療」並不同於「意義的治療」。我以爲存有的治療是一消極性的治療，而意義的治療則是一積極性的治療。意義的治療強調的是人的主體，而存有的治療則反對這種主體主義的傾向，而傾向於生活世界的豁顯，及存在境域感的顯發。意義的治療大體說來，都建立在「我與你」這樣的存在的模式之上，但其實它卻有著許多不同的型態。在基督宗教或者一神論的文化傳統下，其意義的治療重在由那超絕之體所引發的力量，而如果是在儒家或天人合一的文化傳統下，其意義的治療則重在由那「整體」之根源性所顯發的力量，而重要的是它們以爲這種整體根源性的力量是由於人的主體能動性經由一「我與你」的方式而顯發出來的。

27.再者，老子的「存有的治療法」當然不同於基督宗教或一神論文化的傳統意義下的「治療」，他並不借助於一外在超絕的絕對者所引生的力量。他雖然處在一天人合一的文化傳統下，但卻不是經由人的主體所顯發一整體根源性的力量。他所以爲的存有之開展並不是縱貫的創生，而是平鋪的顯現。道家的存有的治療不是經由「意義」而起的治療作用，意義的治療是經由意識的定立及主體的認取而成的，而「存有的治療」則要我們回到「意識之前的狀態」，那是一種主客交融，無分別相的狀態，它只是一氣之流行而已。這麼說來，我們這裡所謂的「存有的治療」之「存有」一辭並不是指的一「執著性、對象化的存有」，而是一「無執著性、未對象化前的存有」，不是「對象之一般的存有」，而是一「我與你」這樣所成的「生活世界」下，活生生的實存而有。

28. 當然，這並不意味《道德經》所論就只是回到那整體的根源來作存有的治療而已，實則這裡隱含著一個迴返及開展的過程。從超乎言說之「不可說」，展開而爲「可說」，而後爲「說其可說」，再因之而「說出了」一對象，這便是我們所謂的由那道體經由一平鋪的顯現而轉爲縱面的展開，再而落入一橫面的執取，由此橫面的執取之相引拖曳而成一定執的對象，終而造成了異化的現象。但同時，由此定執之對象的破解，拆除了橫面的執取之弊病，轉爲縱向之展開，再歸本於平鋪的顯現，回到一活生生的生命之場。值得注意的是，這種迴返存有的活動並不意味著對於那橫面的執取所成的認識對象亦得破解，而只是要破解此認識之執所成的定執之弊而已，蓋除病不除法之謂也。換言之，老子所欲去的是心知的執著，而不是要去其心知的作用，他要去的是語言的異化，而不是語言本身。

29. 再者，我們一再的提到老子所謂的「存有」並不是一定執的對象之一般的存有，而是一活生生的生活世界，即此活生生的生活世界而爲一切開顯的依憑，並即此依憑而自如其如的開顯其自己。又說「存有的治療」只是要去除「語言的異化」，並不是要去除「語言」；只是要去除「心知的執著之病」，而不是要去除「心知」，心知與語言之橫面的執取、論定仍是必要的。換言之，這個生活世界並不是渾淪的洪荒世界，而是圓融周浹的世界，其爲圓融周浹是因爲它有多面的結構與層次，以自如其如的自發秩序，共融爲一個整體。這麼說來，我們可以說「存有的治療」是一統括的稱呼，其實，它針對著不同的定執，而有不同的破解與迴復的方式。對於文化而言，它可以是文化的詮釋與治療；對於社會而言，它可以是社會的批判與重建；對於個人的心靈，它可以是個人心靈的治療。

第七章 邁向佛家型般若治療學的建立
——以《金剛般若波羅密經》為核心的展開

〈提要〉

本章起先經由美國神學家保羅．田立克（Paul Tillich）與日本禪學家久松真一的對話，引出佛教所體現的是「緣起性空」與西方所體現的「實有創生」有其根本之異同，進而經由佛教《金剛般若波羅密經》的解讀與詮釋，豁顯一佛教型般若治療學之可能。

筆者以為《金剛般若波羅密經》的義理所重在「存在的空無」、「意識的透明」、「信仰的確定」、「實踐的如是」，「般若治療」強調的是將一切執著擺下，而讓生命回到原點，如其自如的開啟其自己。「般若治療」是可以隨處運用的，只要經由般若空智的照見，一切存在歸本於空無，意識回到透明無礙的境地，使得一切事物能如其事物回到事物自身，此即是所謂的「治療」。我們之所以將佛教的治療特別名之曰「般若治療」就是因為經由般若空智的照見，讓我們體會到一切緣起性空，而當下在剎那生滅中就回到事物本身，起了一治療的作用。換言之，般若治療或在挑柴擔水間、或在倫常日用間、或在行住坐臥中，無處不在，它亦可以不拘於任何固定的方法，只要讓般若之智開顯，一切空無、意識透明、歸返自身即是。

再者，筆者指出相對於儒家型的意義治療學之所重在於「我，就在這裡」，傅朗克的意義治療法所重在於「我，向前開啟」，道家型的存有治療法則重在於「我，就在天地間」，佛教型的般若治療法之所重則在於「我，當下空無」。

一、問題的引出：由田立克與久松眞一的對談說起

一九五七年，日本的佛學家久松眞一與美國基督神學家田立克（Paul Tillich）在美國劍橋舉行了會談。①會談起於田立克對於講學生活的忙碌，而感觸到自己內在生命意義匱乏的問題；或者說，如何在煩忙中求得一「寧靜的自我」（calm self）的問題。當然這寧靜的自我並不是意味逃避，而是能夠很活躍的在繁忙中操作。依田立克看來，最大的問題在於「人即使埋首工作時也能喚醒寧靜自我嗎？」久松以爲當然可以，只因爲當你正忙碌地準備講課時，那超越寧靜與忙碌的自我也正在運作著。值得

一提的是，田立克起先以爲這樣的自我運作是一種心理學的自覺，是一種心靈狀態；而久松則強調並非如此，他提出了「無心」（no－mind）或者「無意識」（no－consciousness）來邁越田立克的限度。這無心或無意識亦可以被瞭解成一「無相的自我」（formless self）。這無相的自我即是一離去執著的自我。

這裡呈現出兩個不同的文化背景的差異來，田立克總存著一個「我」、「意識」、「主體」的觀念，相對的久松提出的是「無我」、「無意識」、「無主體」的觀念。這顯然地是基督宗教與佛法最大的不同。由於教理上的根本不同，其實踐功夫亦不同。田立克自承彼自己的瞑想生活指向一些難題、思想及宇宙的內容，而久松則強調「關鍵就在於集中，集中於某事物，但無論怎樣集中於某事物，不管它是什麼，都不是我所指的那種集中。我所指的是不集中於任何事物的集中。……這種集中是「集中者」與「被集中於其上者」沒有兩樣」。這或者亦可以說是一「無對象的集中」，但這「無對象的集中」並不是說「集中的對象就是集中本身」，這是要打破「集中者」與「集中對象」的兩橛性，它是既無客體，也無主體。

---

① 請參閱 Viktor E. Frankl 所著 "Man's Search for Meaning"，中譯《活出意義來》（從集中營到存在主義）趙可式、沈錦惠合譯，頁110，光啓出版社印行，一九八七年十月四版，台北。

顯然地，久松這裡強調的是「境識俱泯」的觀念，順此，田立克提到了 Meister Johanners Eckhart 這位帶有汎神論及神祕主義傾向的德意志的神學家來相提並論。Eckhart 他以爲人空掉自我時，神便進入並充滿那虛空。因爲神存在於每一個人心中，而人常受外在有限事物的障蔽，如果這些有限的事物去除，則這個內在於我們心中的道就會顯現出來。這不是外在的，而是內在的體現。田立克以爲此即是人內在的「潛質」。這潛質相當於「佛性」或「自性」（相當而非相等）。問題的癥結點就在於「有相」與「無相」的問題上。依久松看來，去掉主客的領域並不留下一個眞空，正是從「去掉」中有眞正的操作生起。或者說，克服主客二元性便是導出眞實的、自由的操作或活動的根本。但是，田立克所以爲的「道」則不是無形相的，道是神的形相，是被生的。道是一個很有動力的原理，因爲它就是愛與恩惠的原理，但他不是無相的自我，無相的自我是那個我們所來自的神聖深淵（divine abyss）。這神聖深淵亦可以說是一「無基底者」（abgrund 或 ungrund）。若依 Eckhart 來說，所有的形相都由此而出，這仍有一種二元性。若立基於佛教禪宗觀點來說，無基底者就是人的自我，它便是具體的呈現，它非內在，也非超越，它就在當下克服二元性。或者我們可以說，Eckhart 所強調的是由神往下而展開的「縱貫的創生」，而久松於此所主張的是佛教禪宗所著重的「平鋪的眞如」。②

基督宗教的「縱貫的創生」所強調的，當然落在「創造者—被創造者」這樣的思維格局裡，佛教所說「平鋪的眞如」，則打破了這樣的思維格局，但它亦可以說創生的問題，只不過它說的是「不生之生」。之後，久松又與田立克討論「藝術畫作」的問題。依久松言，沒有形相的自我乃是最具體的實在，這樣的實在是無所繫縛的存在。若一楨畫作眞能表現無相的自我，那無相的自我就能表現在藝術品之中，而看畫者亦能夠把他自己滲透到自己無相的自我之中。這也就是說他能夠通過他的觀看，預期自己到達那眞正的深處。也就是說每個無相的自我會反映出他自己。田立克仍然不能避免一種主體性的思維，而強調說「他自己的」這根本是不可能，只能說「超過他的經驗自我，滲透入其他自我的層面」。換言之，田立克所以爲的仍在「我的層級」的不同處打轉，他缺乏一「如」或者「即」的觀念，他亦不瞭解「實相無相」的道

② 這裡所謂「平鋪的真如」特別指的是佛教般若系所開啓的，平鋪的真如非僅限於此，道家亦可歸於此總名之下。這裡所謂「縱貫的創生」特別指的是基督宗教的傳統，然亦非僅限於此，實則儒家亦可歸於此總名之下。詳參本書第五章〈邁向儒家型意義治療學的建立—以唐君毅《人生之體驗續編》爲核心的展開〉、本書第六章〈語言的異化與存有的治療——以老子《道德經》爲核心的理解與詮釋〉二文。

理。久松甚至以爲在西方的畫作中頂多達到表面上的無相的自我的表現而已，還沒達到眞正無相自我的表現。

從久松與田立克的對話中，我們發現到佛敎所體現的「緣起性空」與西方的「實有創生」有著根本的異同。前者強調無意識、無心、無相的自我，而後者則強調意識、心靈、自我。前者強調的是主客不二、境識俱泯，而後者則落在主客兩橛、境識兩分的立場來思考問題。關連著「緣起性空」，其所強調的是無分別智，是般若智，是如何的回到事物自身，讓它開啓其自己。關連著「實有創生」，其所強調的是一至高的絕對者那超越的上帝如何的在你裡面作工。如果，我們將這兩者運用在「治療」的觀念上，我們就會淸楚的發現到它們的異同。像傅朗克的「意義治療法」（Logothearpy）顯然地可以歸到田立克所主張這一大類裡，而如久松所代表的佛敎傳統，若要關連著「治療」來說，當可以開展爲「般若治療法」③。

依傅朗克（Viktor E. Frankl）所說意義治療法（Logotherapy）一詞，其「Logos」所指的是意義（meaning）。即如一般學者所稱的「第三維也納心理治療學派」，它的焦點放在「人存在的意義」以及「人對此存在意義的追尋」上。按意義治療法的基礎而言，這種追尋生命意義的企圖是一個人最基本的動機。④項退結先生以爲「傅氏的信念是：人的基本意義既非如佛洛依德所云的快樂，亦非阿德勒所云的權力，而是在於超越自己，找到一個比自己更高的生活目標；權力只是達到目標的方法，快樂是超越自己時所發生的副產品。因此，把快樂本身當作目標，反而得不到快樂。只有追求一個超越自己的目標，人才會眞正得到快樂和滿足。意義治療學透過精神病的治療而能發現這與東西方哲學同其久遠的眞理，實在是了不起的成就。……但宗教信仰在人追求意義時扮演著不可替代的角色，這卻是傅氏所堅決肯定的。」⑤顯然地，我們若將「意義治療」一詞做寬泛的解釋，那麼佛教的思想亦可以說是一意義的治療。不過問題在於如上所舉久松所言，強調的是無意識、無心、無相的自我，這

---

③ 筆者之著意於東方哲學與治療的問題，起於傅偉勳先生之介紹傅朗克的意義治療學與東西方生死觀的論點。之後，筆者即更進一步闡釋中國傳統之儒家、道家皆可以視之爲一治療學。儒家可以名之爲「意義治療學」，而道家則可名之爲「存有的治療學」，至於佛家則可名之爲「般若治療學」。

④ 請參閱 Viktor E. Frankl 所著「Man's Search for Meaning」，中譯《活出意義來》（從集中營到存在主義）趙可式、沈錦惠合譯，頁110，光啓出版社印行，一九八七年十月四版，台北。

⑤ 見項退結〈傅氏來台之鱗爪及其他〉，收入傅偉勳《批判的繼承與創造的發展》（哲學與宗教二集）附錄，頁181－186，東大圖書公司印行，民國七十五年六月，台北。

與傅朗克之意義治療法所強調的是追求生命意義的基本企圖，是有意識的，是有心的，是有我的，顯然地大相逕庭。因此，筆者不續延用意義治療這個詞，而對於佛家型的治療，就名之爲「般若治療法」。

「般若」（Prajna）一詞原指的是「知識」、「判斷」、「智慧」等意思。這語詞在佛經中出現極爲頻繁，原始佛教、小乘佛教、大乘佛教俱可見此。⑥它原不爲任何一家一派所限，它可以說是佛教諸流派的共法。它的重點在於蕩相遣執，我法二空，洞察一切「存在的空無性」、「意識的透明性」，再因之而豁顯「信仰的確定性」及「實踐的如是性」。闡明佛教般若智慧的經典可以說隨處可見，但衡諸其流通狀況，可能《金剛般若波羅蜜經》影響最大，不論三論、天台、華嚴、唯識各宗皆於此有所注疏，六祖慧能之聞及此經「應無所住而生其心」而開悟，更是膾炙人口。禪宗在六祖之後，金剛經的地位遠超過其他經典，甚至宋代出家人的考試更設有《金剛經》一科，這在在可見此經弘通之盛。依印順導師言，此與中國佛教之重實行，重從定發慧的體悟，好簡易，重般若的悟證有密切的關係。⑦以是之故，筆者在本文中將以《金剛經》爲理解與詮釋的核心，展開佛家型般若治療的可能建構。

二、《金剛般若波羅蜜經》的規模及義理趣向

《金剛般若波羅蜜經》就經題言之，「金剛」以喻其堅，以喻其利，「般若」是智慧，「波羅蜜」是到彼岸，「經」是恆常不變之理。合而言之，「金剛般若波羅蜜經」指的是「那到彼岸、那既堅且利的智慧、恆常不變的眞理」。⑧

關於這部經典的詮釋極多，筆者現且依最通行姚秦三藏法師鳩摩羅什譯的本子，梁昭明太子所作的三十二分，依自家生命實存的理解，加以詮釋，簡略的闡述如下，並在闡述的過程中，逐漸豁顯此經的義諦趣向，再進一步與前面我們所提的治療關聯在一起，而逐漸豁顯「般若治療學」的可能。此節且先清理此經三十二分的義理，下節再因之而論略其爲般若治療學的可能。

---

⑥ 請參見平川彰、梶山雄一、高崎直道《講座：大乘佛教Ⅱ——般若思想》，頁2，春秋社，昭和58年12月，東京。又請參見陳沛然〈佛家的般若智慧〉，收入氏著《佛家哲理通析》，頁85－109，東大圖書公司，民國八十二年十月，台北。

⑦ 請參看印順法師《金剛經講記》，妙雲集上編，頁1，慧日講堂，民國六十五年八月，台北。

⑧ 關於《金剛般若波維蜜經》的經題作如何解，印順導師於所著《金剛經講記》中言之甚明，請參看該書，頁1－22，妙雲集上編，慧日講堂，民國六十五年八月，台北。又本文所闡釋全以漢譯爲本，蓋漢譯流傳之廣遠勝梵文原著及他譯，且漢譯之解經方式亦自成體系矣！。

就【法會因由分第一】「乞食」，是全幅放下。「還至本處」，是回到自身。「飯食訖，收衣鉢，洗足已，敷座而坐」，此是整頓精神，令法開顯。這是說生命的回歸自己，再經由「對談的方式而顯現眞理」也。

如【善現啓請分第二】所示，問題的焦點在於那無上正等正覺的心（簡稱菩提心），如何住，而我們又如何降伏一般具有業習之心。答案無他，就在於「應如是住，如是降伏其心」，這「如是」二字正是關鍵所在。筆者即以此「實踐的如是性」爲《金剛經》實踐之法鑰。

依【大乘正宗分第三】言之，「應如是降伏其心」，此「如是」如何行之，當以「我皆令入無餘涅槃而滅度之」。因爲一切衆生之爲衆生本然清淨，無有污染，故可以令入無餘涅槃而滅度之。「無餘涅槃」者，無習氣煩惱，圓滿淸淨也。當滅盡一切習氣，令永不生，方契此無餘涅槃也。此「令入」非由外而入，而是自入也，是喚醒自家生命原具的淸淨本性，既有此淸淨本性，便得滅度之，而此滅度是自滅度，非由他滅度也，是衆生淸淨相之顯現，非有一大力者如何促使之滅度也。此是「即其淸淨本性而滅度」也。

【妙行無住分第四】此是說「布施」之可貴，布施是將生命中原所擁有的捨之而貢獻於人，此是一「去執」的活動，是一去除我執的活動，故布施本當含有一「不住於相」之作用，此「不住於相正是般若法門」，亦正是空智的具體實現。正因如此，所以「菩薩不住相布施，其福德不可思量」。空智的具體實現，是一回到事物自身的活動，而非有所增益也，非有所假借也。故其福德之不可思量也，非計較義，非分別義也。

【如理實見分第五】「凡所有相。皆是虛妄。若見諸相非相。即見如來」般若空智既起，故所有相只是空無，此是存在的空無性，以其爲空無，所以相是虛、是妄，諸相非相，因而如來佛性即顯現也。此可見「一切存在現象的虛幻性」。

【正信希有分第六】般若之法是「不應取法，不應取非法」，是「法尚應捨，何況非法」，能夠將此全然捨去，此才是正信之路。信仰的確定，不是去執著，而是讓眞理如其自己的顯現它自己。這裡點出了一「銷歸於空的信仰方式」，此不同於「執著於有的信仰方式」。

【無得無說分第七】般若空智蕩相遣執，因此「無有定法名阿耨多羅三藐三菩提，亦無有定法如來可說」而「如來所說法，皆不可取，不可說，非法，非非法」，爲何如此呢?因爲「一切賢聖皆以無爲法而有差別」。法是無爲法，但卻有差別，此無爲法是方法上含具一切衆法，而差別仍如其爲差別，並不是硬去生出個差別出來，此差別是本來如是，非由此無爲法存有論的生出其差別也。這裡啓導我們般若智慧之所重在於融通淘汰，非在於去說如何的生起衆法也。⑨此可見「般若法是銷歸於空，而承載諸多差別之有」。

【依法出生分第八】，受持此經，及四句偈，此是眞正之福德。「受」是承之而不違，「持」是守之而不怠，能承之不違、守之不怠，能知「若以色見我，以音聲求我，是人行邪道，不能見如來」此四句偈，即能無所執著，能無所執，即能放開而知佛法本只是個啓悟之功而已，原無定法，亦可說原無佛法，以其無佛法，而特顯般若空智，如是而可說「一切諸佛，及諸佛阿耨多羅三藐三菩提法，皆從此經出」。這裡的從此經出，是一虛含而說的「出」，非果眞實攝於其中，出於其中也。此可見「般若空智是虛含而非實攝」。

【一相無相分第九】，就證得之果上說，可有須陀含、斯陀含、阿那含及阿羅漢四類，就相上言，則本無二殊，一相一切相，皆還歸於無相，無相無行，只是個「如」字而已。因此，「實無有法名阿羅漢」，要是「阿羅漢作是念，我得阿羅漢道，即爲著我人衆生壽者」，亦唯「不作是念」，方得爲「離欲阿羅漢」。也因「實無所行」，所以說其爲「樂阿蘭那行」（即樂無諍行）。能無念、無所行即歸止於本處，此即是無相，是一相，是實相。此可見「無念、無所行乃是般若之眞法門」也。

【莊嚴淨土分第十】，此先說「如來在然燈佛所，於法實無所得」，蓋法本具於內，非由外而來也。故於法實無所得，而自得之也。雖自得之，又無所得也，因法本無所得也，以無得得之也。順此，而說佛土之莊嚴則是「莊嚴佛土者，即非莊嚴，是名莊嚴」。能疏決一切之滯礙，流通暢達，即是莊嚴，非有一莊嚴相也。疏決滯礙，流通暢達，此乃「如是」之道，以此「如是」便生清淨心，而此清淨心之爲清淨，乃「應無所住而生其心」也。此點明「應無所住而生其心」之「心」乃是一透明無礙之心靈意識，吾人或可稱此爲「回歸意識的透明性」。

【無爲福勝分第十一】，恆河沙數，七寶布施，此只是有形之布施，不如無爲法之勝。此不以有爲之累積而說福德，而是以無爲之銷去而說福德，此是一「銷歸於空的福德」。

【尊重正教分第十二】，正教之爲正，只是此《金剛般若波羅蜜經》，只是四句偈，只是經典所在處即爲有佛。這如前所說萬有一切，衆生有情，皆虛含於此般若智

---

⑨ 牟先生以爲般若只有在不捨不著之方式下具足一切法，方成其爲實相般若。……由具足亦可說般若成就一切法，不捨不著，不壞假名而說諸法實相，此即是成就一切法。而此不過是在般若活智之作用中具足而成就一切法，此是水平的具足，而不是豎生的具足。「是法住法位，世間相常住」，一切法是本來現成的，不過以實相般若穿透之，因此而說具足一切法，成就其空如之實相而不必破壞之。（見牟宗三《佛性與般若》上冊，頁77、78，台灣學生書局印行，民國六十六年六月，台北。

慧之中，故尊重在此，正教即此空智般若爲正教也。此可說「般若空智是一切智、事、物之虛含處、歸依處」。

【如法受持分第十三】，這經就叫做《金剛般若波羅蜜經》，是既堅且利，渡到彼岸的智慧經典。這樣的一部經典，是當奉持的，「奉」是遵之而不疑，「持」是行之而不輟。但更値得注意的是，這不是就將佛之所說當成一恆定不變的眞理，而是「如來無所說」，是「佛說般若波羅蜜，即非波羅蜜」，是「如來說諸微塵非微塵，是名微塵，如來說世界非世界，是名世界」，是「如來說三十二相，即是非相，是名三十二相」。總的來說，如法受持，原是如其空無，而歸本於般若空智，蓋法本非法也。換言之，「渡脫到彼岸的智慧原只是無礙的般若空智」而已。

【離相寂滅分第十四】點明「是實相者，即是非相，是故如來說名實相」，說明般若實相乃是對於一切相的遺除，而回歸到事物本身。同理，「離一切諸相，即名諸佛」，這裡所謂「離一切諸相」亦可理解爲「應生無所住心」，而「無所住心」亦非只是虛，而是虛以含實，實以返虛，故說其爲「無實無虛」。離相非出離割裂之謂也，而是離而不離，以其離而歸返於寂滅，然即寂即照也，即滅即生也。「般若空智所以示現離一切相而歸本於實也」。

【持經功德分第十五】，依此般若空智而持守勿失，行功立德，其所立之德乃一無得之德，非可思議、可分別之功德也。換言之，此功德亦是喚起生命內在原具之菩提心而已。持守經典所重者在此，書寫之、讀頌之，爲人解說之，都是此般若空智的顯現而已。此般若空智之顯現仍是虛含而非實攝之顯現，故在在處處當有此經，既有此經當應供養，而且此處當視爲塔，當恭敬作禮圍繞。然此作禮仍只是虛含的作禮，而非實攝的作禮，其作禮亦當顯其虛含之智也。「持守此虛含之智所以開啓一虛含之智也」。

【能淨業障分第十六】佛說「受持讀誦此經，若爲人輕賤，是人先世罪業，應墮惡道，以今世人輕賤故，先世罪，即爲消滅，當得阿耨多羅三藐三菩提」。顯然地，這是將人的存在擺置在一過去、現在、未來的連續譜中，而不只是切個片斷來看待也。能將此「業」之「因果」連著看，而刻意的擺落自己，「讓自己的生命回歸到原始，此即可淨其業障」。

【究竟無我分第十七】此說菩薩之無我相、人相、衆生相、壽者相。而又如何發菩提心，原只是「當生如是心，應滅度一切衆生」，然此滅度一切衆生，又無一衆生實滅度者。因衆生自度，非由他度也。再者，言「授記」之事，以其無所得法，故得法，而此法亦實無有法，以事言之，授記亦無所授也，無所授而記，則此記是自記也，自記無記也。或可說以無記授記也。正因一切讓開，所以「如來說一切法皆是佛法」。「一切法皆是佛法」非說一切法都由此佛法而生也，亦非說一切法皆等同於佛法也，而是說「一切法皆虛含於佛法之中」，蓋以其爲虛含，故眞實所以顯現也，虛含所以通達無我法也，無我法所以無實而又無虛也。

【一體同觀分第十八】如來之有肉眼、天眼、法眼、佛眼，此非如來有何神通廣大處，而只是因由般若空智之自照而照他，洞達無礙。如來之能悉知衆生若干種心，亦只是「如來說諸心，皆爲非心，是名爲心」，非一般所謂之能掌握別人之心也。落在時間之過、現、未，仍是了不可得，以其了不可得，故吾人眞能了知心靈意識原是透明的，正因「心靈意識是透明的」，所以「一體同觀」，可以「以一含多」，當然此含是虛的含，而非實攝也。

【法界通化分第十九】「有人滿三千大千世界七寶，以用布施」，所得之福不可說不爲多也，但此只是七寶之福，不能得證佛果菩提也，故不說其有福德，能自了此非福德，則疏決自了，法界周遍，一化普通，毫無凸起，只是平坦，通達無礙。這是說「自我銷融所含的化解能力」，是無與倫比的。

【離色離相分第二十】此說色相之離而不離，不離而離，故用詭譎之辯證而說明之也。此是佛法開顯之秘鑰所在。所謂「如來說具足色身，即非具足色身，是名具足色身」，「如來說諸相具足，即非具足，是名具足」。這裡的「如來說……，即非……，是名……」，說是有所指向，但又馬上非之，此是銷融於空無的作法，以其銷融於空無，所以自顯自現也，因之而言是名什麼。蓋離色離相所以顯色之與相也。或者說「銷融於空無，正是實有開顯的起點」。

【非說所說分第二十一】，若有人言，如來有所說法，即爲謗佛，此是不解佛之所說爲何如。蓋說法者，無法可說，此方是眞說法也。佛亦知，凡一切教難免有敎相可言，但敎相非敎也，敎言只是言也，不可眞執定而不化也。疏決淘汰，無有定執，當下隨說隨掃，佛法、非佛法，眞佛法也。衆生、非衆生，眞衆生也。此是「去除說之對象性，回歸表達之自身，方顯般若智慧也」。

【無法可得分第二十二】佛之說「我於阿耨多羅三藐三菩提，乃至無有少法可得，是名阿耨多羅三藐三菩提」，原來所謂之「無上正等正覺」亦非有一特殊外於吾人之法也，而只是當下具足，稱理之法而已。此法只是無法，故說其無法可得。此是說「般若空智只是空智，是一透明而無礙的智慧而已」。

【淨心行善分第二十三】依般若空智所照見，法本平等，無有高下。「平」是無凸起相，「等」是無拘礙相，無凸起、無拘礙，只是如如開顯，只是回到本身，因此「所言善法，如來說即非善法，是名善法」。這是說「一切的善原只是回到事物自身而已」，不是立一個善之準則以爲批判也。

【福智無比分第二十四】眞福德是能知福德之空無性才是眞福德，故能以此般若波羅蜜經，乃至四句偈等，受持讀頌，爲他人說，其功德遠勝一般之布施功德也。蓋布施是去我執，而般若波羅蜜經乃是去我執之最上義，能以此而含一去我執，其去最爲勝義也。此是說「般若空智之福是爲智福」。

【化無所化分第二十五】因念而起執，故莫作是念，不當以爲自己能如何渡濟衆生，而當任衆生之爲衆生，而自渡渡他。這是一種放開、灑落的精神，是一無我的精神，以其爲無我，所以有我。能如此，才能知凡夫即非凡夫，是名凡夫也。化無所化，還歸於虛，還歸於無，正因如此，所以無所化而化也。此是說「眞正的渡化只是還到般若空智而已」。

【法身非相分第二十六】著名的金剛經四句偈「若以色見我，以音聲求我，是人行邪道，不能見如來」，此是說法身非相，若執於相則非法身，蕩相遣執，方見如來。如此之見，非執著性之見，而是如其自身的顯現也。此是由「般若空智之即寂即照也」。

【無斷無念分第二十七】心之所發爲意，意之執於物爲念，一作是念，便有常、有斷，唯去此念才能去此常斷，歸返事物自身，此蓋般若智照之功也。般若智照是即寂即照，故不說其爲斷滅相，執其斷滅相，一以爲常，則違失般若空智之本義矣！此是說「般若空智於法不說斷滅相」。

【不受不貪分第二十八】「知一切法無我，得成於忍」，如此就比布施所成之功德要勝，其所勝者何?只因不受福德，不貪福德是也。法爲無我，唯人心有執，執而成病，故去執而治病，此是除病，非除法也。忍是持守義、是不間斷義，是實踐義，是成就義。法無我，當以無我行之，方可顯此無我也。此說「般若空智必須經由實踐的努力而開啓」。

【威儀寂靜分第二十九】如來依字面解之，當是若來若去、若坐若卧，但執於此則不解如來所說義，蓋如來所說義原無所說，如來者亦無所從來，亦無所去。去來坐卧，無不如如。威儀寂靜，是以寂靜爲威儀，當此威儀即還歸於寂靜也。如來之爲一圓滿之修行人格，實只是歸本於般若空智之即寂即照而已。此是說「般若空智即寂即照即是如來」。

【一合理相分第三十】一是整體，而此整體固然含具萬有一切，但其含具萬有一切的方式只是虛含，而非實攝。如何爲虛含，此必須先瞭解一切皆無自性可言，須知三千大千世界之爲三千大千世界，以其非世界，此非世界乃般若空智蕩相遣執之所顯，以其非世界所以名爲世界也。如此說來，一合相原是不可說，不可說者，越出言說之外，邁出言說之上，在言說之前，亦在言說之中，以其言說亦非言說也。般若空智所照，當下空無，虛以含實，是爲一合相也。此是說「般若空智蕩滌萬有一切而成就一空無之整體」。

【知見不生分第三十一】知見不生，還歸「如是」，此「還歸」之所以可能乃因般若空智所照故也。於般若空智所照，則一切法只是如是知，如是見，如是解，如是信解，此如是乃歸本於空無透明，是不生法相，蓋所言法相即非法相，是名法相。此是說「依般若空智而啓導一實踐的如是性」。

【應化非眞分第三十二】即應而化，非有定相也，以此言非眞。以般若智觀照之，故能不取於相，如如不動。因般若智觀照之，則「一切有爲法，如夢幻泡影，如露亦如電，應作如是觀」。此是說一切存在是空無的，是刹那生滅的；意識是透明的，是無有罣礙的；境識俱泯，還歸於空，通透圓明，此自顯現一定向，即此定向而說有一信仰之確定性，順此信仰之確定性，而開啓一實踐的如是性。「由般若空智而開啓一如是觀的哲學」。

若將以上筆者所做的理解做一歸結，約可以如下之要目表之：

一、「以對談的方式而顯現眞理」

二、「般若智慧強調的是實踐的如是性」

三、「即其清淨本性而滅度」

四、「空智的具體實現，是一回到事物自身的活動」
五、「一切存在現象的虛幻性」
六、「銷歸於空的信仰方式」，此不同於「執著於有的信仰方式」
七、「般若法是銷歸於空，而承載諸多差別之有」
八、「般若空智是虛含而非實攝」
九、「無念、無所行乃是般若之眞法門」
十、「回歸意識的透明性」
十一、「銷歸於空的福德」
十二、「般若空智是一切智、事、物之虛含處、歸依處」
十三、「渡脫到彼岸的智慧原只是無礙的般若空智」
十四、「般若空智所以示現離一切相而歸本於實也」
十五、「持守此虛含之智所以開啓一虛含之智也」
十六、「讓自己的生命回歸到原始，此即可淨其業障」
十七、「一切法皆虛含於佛法之中」
十八、「心靈意識是透明的，一體同觀是虛含，而非實攝」
十九、「自我銷融所含的化解能力，是無與倫比的」

廿、「銷融於空無，正是實有開顯的起點」

廿一、「去除說之對象性，回歸表達之自身，方顯般若智慧也」

廿二、「般若空智只是空智，是一透明而無礙的智慧而已」

廿三、「一切的善原只是回到事物自身而已」

廿四、「般若空智之福是爲智福」

廿五、「眞正的渡化只是還到般若空智而已」

廿六、「般若空智即寂即照」

廿七、「般若空智於法不說斷滅相」

廿八、「般若空智必須經由實踐的努力而開啓」

廿九、「般若空智即寂即照即是如來」

卅、「般若空智蕩滌萬有一切而成就一空無之整體」

卅一、「依般若空智而啓導一實踐的如是性」

卅二、「由般若空智而開啓一如是觀的哲學」

三、般若治療理論建構芻議

經由以上的疏解，我們可進一步推整出所謂的「般若治療學」之可能。我們可說「般若治療」是經由「對談」的方式而開啓的，但這樣的「對談」不同於儒家的意義治療，亦不同於傅朗克的意義治療，最主要的是它關聯著「渡化」或「渡脫」的觀念。眞正的渡化或渡脫乃是歸返到無礙的般若空智而已。般若空智只是空智，是一透明而無礙的智慧而已。這必須去除言說之對象性，回歸表達之自身，方顯般若智慧也。這也就是說般若治療在交談的過程重要的在於去除語言本身可能展開的對象的指向性，而回到表達自身，由此而有眞正的確定。這樣的確定，並不是治療者（或輔導者）對於被治療者（被輔導者）的明示或暗示，而是被治療者回到自身，而自己所朗現的確定。

在方法上，般若治療的「對談」是由般若的雙遮雙遣的思考方式衍生而來。它是要從一般世俗諦的對偶性的知識執取中解放出來，遣除我們一般所以爲的「執著性、對象化的存在就是一當然本然的存在」，要我們正視生命的如實狀態乃是遠離此現象界的執著。旣遠離了此現象界的執著，而呈現眞如，即此眞如便是事物自身，即此亦不離於現象。簡言之，般若治療義下的「對談」與其說是要經由此去達到什麼結論，無寧說是經由這歷程去遮撥化解掉執著，讓事物回到自身。

如此說來，「般若治療」是建立在般若空智上，而般若空智是即寂即照的，是回到一切存在事物之自身，無意識的繫染、執著，只是放開，只是任其開顯而已。但這樣的開顯如何能避免流蕩而無歸呢？這問題的關鍵點在於任何開顯都當下歸本於無，並不是任之而成一痕跡，成一執著性的定向物。正因般若法門是銷融於空無，而不是執著於有，因此它眞能承載諸多差別之有。當然，這裡所說的承載諸多差別之有乃是一種虛以含之的承載，而不是實有的攝受，心靈意識是不能以執著性的方式開啓的，一落執著性便墮入惡道之中。

「般若空智」既是虛含而不是實攝，因此它所具有的就不是一種「摧破性的力量」，而是一種「超越的觀照力量」，經由這樣的力量乃得以自我銷融、自我化解，回到眞實的意識狀態，或者說是一眞實的生命狀態，一種無有執著、無有干擾的狀態，只是如如無礙的狀態。超越的觀照力量仍由自家身心所長出來的，或者說當下就可以顯現的，因超越的觀照力量只是般若空智之自身，是意識之自身，並不是一個外來的東西。

這也就是說「般若空智」乃是如實智，是由超越的觀照一切可歸返於如實境地的智慧。這亦可瞭解成「心有取法」與「心無取法」的異同，心有取法所走的是經由意向性而執定成一定象性的存在，意識已離其「本然狀態」，而是一分別相的「他然狀態」。「心無取法」則無執無著，只是還歸於虛、還歸於空，自在自是，此是意識的本然狀態。就表象看來，意識的他然狀態與意識的本然狀態好像是分離開來的，但骨子裡並不是有兩種意識，它們只是同一個意識的兩個不同的狀態而已。所以，表象看來這好像是相對治的一般，但徹底言之，並非如此，它應是統一於一個不可分的整體的。由他然狀態歸返自然狀態，乃是由意識之離其自己歸返其自己而已。值得注意的是，這裡我們所說的「歸返」並不是一循跡而返的追溯活動，而是當下即空，當體即寂，化念還虛的活動。因依緣起法而言，一切皆歸於空無，一切存在是空無的，故歸返只是洞澈而已，並非循跡也。

或者我們可以說，在「般若空智」義下的「心靈意識」是透明的、是虛空的，是以此虛空而含攝萬有一切的，因之而可以達於一體同觀的境地。這如實智不是前意識，亦不是潛意識，只是意識之自身而已。意識之自身並不是孤離於世界的，不是境識分立，各別能所的，而是能所雙亡、境識俱泯的，意識與世界原來不二，又究極的說，世界原無世界，意識原無意識，以是而成就世界，成就意識之在其自己。就此而言，我們可說此是緣起性空，是佛法的要義所在，一切皆共於此而不悖。

這麼說來，我們須得經由「般若空智」正視存在的幻有性，洞達其爲空無的。正因如此的般若空智具體的實現，而使得人們的心靈意識得以出離一切相，而又回到一根本的眞實之中。這根本的眞實即是任何事物自身，是生命之原初所在，一回到此便能夠淨其業障。因一切業障亦是心之有所執有所取，取執不化所成者，業並不是一實有之物，而是一物勢，是一心靈意識的執著性所掛搭感應執取而成的妄構之物。離緣而出，自是業銷，而還歸於空無的境地。存在如如，意識透明。

「般若空智」既是強調使得事物能回到事物自身，並兼此而可以說一切法皆虛含於此佛法之中，此是一「平鋪的眞如」的虛含虛攝，此不同於儒家之爲一「縱貫的創生」之實有生動道德創造也。此亦不同於基督宗教之爲一超越的人格神之創造也。儒家之道德創造是如其萬有一切而參贊之，即此參贊便隱含一道德意味、價值意味者在，如此參贊天地之化育，一方面說天地之剛健、渾厚，一方面則啓導人生之自強不息、厚德載物。基督宗教之人格神之創造所著力的是上帝對於人的救贖，有一絕對的大能者在吾人生命中作工，而使得吾人生命得以向上也。「平鋪的眞如」只是放下，只是坦然，只是無礙，只是如其自在，回到事物自身，由此般若空智的作用，灑落無礙，自有一同體大悲之感，此蓋感蒼生之業難除是也，此即「由智啓悲」是也，佛陀之教，悲智雙運者在於此也。

依「般若空智」之所照，一切的善原只是回到事物自身而已。以是之故，「慈悲」代替了「批判」，放下代替了攻詰，只是要生命正視自己而已，不在因緣果報中相循不已。因般若空智本身是清淨的，是無礙的，以是得以滅度衆生，而衆生以是自度而度他也。即在此清淨本性中，佛性自然流露，悲心自然而生，此悲心自有一定向在，此定向即含一「信仰之確定性」，指向渡濟一切衆生的菩薩精神。換言之，般若空智不是一斷滅之智，而是如是刹那、如是生滅，無礙之智。般若空智是捨而不捨，離而不離，不是捨離，而是如其所如的讓萬有回到自性生長其自己。這裡，我們看到了一銷歸於空的福德，這福德不是世俗之福德，而是回到無執無礙的自身自性之德。

若此而觀，我們知道「般若空智蕩滌萬有一切而成就一空無之整體」，即此整體而虛含萬有一切，如其萬有一切而生長其自己，此亦可以說開啓一如是觀的哲學。且此如是觀之哲學非只般若智之空觀而已，而是涉及於實踐中事，是一實踐的如是，不只是知識上之如是而已。此不只是智照，而有悲願悲行者在，所謂「於一切法，應如是知，如是見，如是信解，不生法相」，此皆屬實踐之如是也。筆者以爲此「實踐的如是」蓋由於「意識的透明」、「存有的空無」、「信仰的確定」而爲可能。

如此而說「般若治療」，般若是空，空是將一切執著擺下，是讓生命回到原點，讓它重新開啓，如其自如的開啓其自己。這樣子說的治療，根本不是外在的添加，也不是內在根源的生發，而是生命如其爲生命的擺落其自己，回到一空無所虛含之整體，由此而啓開一同體大悲的願力。關聯此《金剛般若波羅蜜經》之精神：「存在的空無」、「意識的透明」、「信仰的確定」、「實踐的如是」。吾人可因之而更進一步指出般若治療當爲何如，因爲是空無，所以這樣的存在就是如其存在自身的顯現其自己，而不是指向對象的把捉。因爲是透明，所以意識無所執著，只是放開，只是明亮，來去自如。在此境識一體，泯然無分的狀態下，自有一油然從生命最深處所昇起的確定指向，持守在此，即此是同體大悲。依此而行，如其所如，是其所是，無所執、無所著，只是放下而已。如此而言，煩惱可以是無明，但煩惱亦可以是菩提，只在一念之間而已。一念覺，是菩提，一念不覺，即墮無明。無明與菩提原是一體之兩面而已。無明與菩提都不是定性的說，而是方便的說，是權表，須要開權顯實，才能讓無明如其無明，而業銷，才能讓菩提如其爲菩提，而性明。此心朗朗，天地澄平。

四、般若治療的實際展開——以「簡易觀想制心法」爲示例

如上所說，筆者旨在經由對於《金剛經》思想義理的全面詮釋釐清，而開啓一般若治療學之可能。此大底只是原則上的說，至於如何落實，則更待進一步展開分析。一般說來，佛教的般若治療法是可以隨處運用的，正如前所說，只要經由般若空智的照見，一切存在歸本於空無，意識回到透明無礙的境地，使得一切事物能如其事物回到事物自身，此即是所謂的「治療」。我們之所以將佛教的治療特別名之曰「般若治

療」就是因爲經由般若空智的照見，讓我們體會到一切緣起性空，而當下在刹那生滅中就回到事物本身，起了一治療的作用。換言之，般若治療或在挑柴擔水間、或在倫常日用間、或在行住坐臥中，無處不在，它亦可以不拘於任何固定的方法，只要讓般若之智開顯，一切空無、意識透明、歸返自身即是。

邇來，偶讀及民國初年馮達庵大師「簡易觀想制心法」，頗以爲善，筆者以爲此正可做爲般若治療法的示例，以明此治療法之實際運用也。蓋佛教之學極重實踐，故其工夫論遍及諸經藏，甚至可說俯拾皆是，筆者之特取「簡易觀想制心法」爲例，只是因緣巧合，且此書已爲現代版，較爲普遍也。若論其精神亦與諸經藏中所載相合，且爲示例。

「簡易觀想制心法」計有：

不淨觀想——除貪愛、
白骨觀——除貪愛、
因緣觀——破愚癡、
空觀——斷一切煩惱、
假觀——破執著、
中觀——應用無礙、

慈悲觀——除瞋恨、
捨身觀——修無量心、
月輪觀——修身法、
師承觀——傳承加持、
佛菩薩觀——加持往生、
父母觀——報恩心、
死亡觀——捨去一切、
江河觀——悟無常、
虛空藍天觀——自性清淨、
海洋觀——包容一切。共有一十六法門。

就此十六法門而言，除捨身觀、月輪觀、師承觀、佛菩薩觀、父母觀五法門是偏向於正面性思考（但若深入觀之，此正面思考亦仍以負面思考做爲入路而轉出者），或帶有密宗色彩以外，其餘十一門幾乎皆可視爲以般若空智爲核心所展開的治療，它是負面性的思考，是以遮撥的方式，去除一切外在附加的執著，讓事物回歸到它自身，如其自如的顯現它自己。

就其「簡易制心法」中所列，「空觀——斷一切煩惱」，觀想心中有月亮光輪，月亮逐漸擴大，擴大至「無邊無極」，直到「我相」如不存在於世間一般，一切世間萬象如心中幻影，皆與我了不相干。⑩此是藉一光明體來照亮吾人內在所具的光明心體，一旦照亮，無有涯際，我法皆空，我相自然消除，煩惱自然了斷。「假觀——破執著」，觀想因緣所生法，一切皆是空，以「緣生緣滅」，終不可得，是故一切現象均爲「假有」，是「暫有」非「永有」。⑪此與前者雖有所異，但骨子裡仍是說「一切有爲法，如夢幻泡影，如露亦如電，應作如是觀」，此皆明破我執也。「中觀——應用無礙」，觀想將世間萬象均看爲空，一無所有。再於「應物用事」之時，將「空有合一」成「即空即有」。此中觀之修法由「有觀」至「無觀」，破主客相待，任運隨緣，隨起隨空，一切不執。⑫依馮達庵所言，修空觀若執空，則思緒變爲混沌。修假觀若執假，則撥無因果。修中觀若執中，則偏立不得自在。而「空、假、中」三者之運用，學人當自行調整何時修空，何時修假，何時修中，重要的是要達於與佛心相

⑩ 參見連陽居士重編《般若解脫心法詳解》，頁185，武陵出版社印行，1992年12月，台北。
⑪ 同上註，頁186。
⑫ 同上註，頁187。

應。⑬此觀空、觀假、觀中之法，即建立在般若空智的觀法下而顯現的，不同的教派或又不同的修法，但其精神則是相通的，蓋般若空智觀法乃佛教之不同教派之共法也。

吾人若再以常為一般人盛道的「白骨觀——除貪愛」為例，其「觀想法」為觀想人類死亡之後，屍體完全腐爛，肌肉歸於塵土，最後只剩下一具白骨，再觀想白骨一根根的發出強白光，最後照徹全身，使全身均籠罩在白骨光芒中。依彼所言，白骨觀之觀法有許多，行者按次序一步步觀想，最後在將白骨觀為「灰燼」，一切化為眞空，眞空論定。⑭此是經由時間流變的觀想，了知一切存在事物的成住壞空，由其究竟之歸於空無，由此空無而心能定止。此亦是般若空智之實際運用也。再以「因緣觀——破愚癡」為例，觀想世間萬象如何生起？如何對待？如何認知？如何虛妄？何者為心？何者為佛？……如是生疑，如是開悟。⑮此是經由因緣所生法的修習，追根究底，大破沙鍋，終而決斷，久而久之，自能一悟千悟。此亦是以般若空智之照見，破除因緣鎖鍊，而得以開悟也。

以上所述，大體說來其治療的過程是經由「觀想」而起一「對治」作用，「觀」是相待而視，對比而觀，不即不離，入而不入，知其如幻亦如化，「想」是化念歸意，轉意回心，歸本於空，洞達透明。

「觀想」是放在時間的長流中，想其成住壞空，是放在當下的刹那生滅下，觀其如幻如化，是徹底的回到事物自身，讓事物的自性顯露，一方面顯其物無自性，一方面顯其當下的自在無礙。

在這種狀況之下，對治亦無對治相，原來對治只是因相待而視所以成乎對，但這樣的對只是虛的對，而不是實的對；以其爲虛的對，所以治原是無治，治亦只是虛治，而非實治也。對治並不起崎嶇相，而是一體平鋪，如如展開的。

「對」者相待而視、對比而觀所成，故只是「虛對」而非「實對」，
「治」者還本空無、當下即化，故「治」只是「虛治」而非「實治」。

蓋病之爲病，虛病也，以其虛而可治也。這不同於儒家之一念迴機、迴照其獨，亦不同於傅朗克的向前一步、體察意義，亦不同於道家之回歸天地、任其自然，而是當下擺落，歸本於如。

若對比而觀，我們可以說：

⑬　同上註。
⑭　同上註，頁184。
⑮　同上註，頁185。

儒者之所重在於「我，就在這裡」

傅朗克之所重在於「我，向前開啓」

道家之所重在於「我，就在天地間」

佛家之所重在於「我，當下空無」。

「我，就在這裡」著重當下的眞存實感、怵惕惻隱，其所重在「參贊化育」。

「我，向前開啓」開啓實踐的意義之門、往前邁進，其所重在「邁向意義」。

「我，就在天地間」回歸整個自然之總體，其所重在「無爲順成」。

「我，當下空無」，面對存在的空無、意識的透明，回到事物物無自性之自身，其所重在於「空有不二」。

如此說來，我們可以說一九五七年日本的佛學家久松眞一與美國基督神學家田立克（Paul Tillich）在美國劍橋舉行的會談，論及如何在繁忙中求得一「寧靜的自我」（calm self）的問題，其間所論及的「無心」（no－mind）、「無意識」（no－consciousness）及「無相的自我」（formless self），此無他亦是般若空智之照見，亦可視之爲般若治療學的展開也。

第八章「陰陽五行」與「身心治療」
——以王鳳儀《十二字薪傳》為核心的展開

〈提要〉

本章在通過《王鳳儀十二字薪傳》一書，對於王鳳儀所提出的「三界」——性、心、身，即人的來蹤，為入世之法，「五行」——木、火、土、金、水，為人的應世之法，「四大界」——志、意、心、身，即人的去路，為出世之法，作一概括性的理解與詮釋，並進一步以豁顯中國『因道以立教』的傳統智慧，開發中國心性學的實踐傳統。中國心性學的實踐傳統強調所謂「生命之體驗」，「體驗」指的是「驗之於體」及「以體驗之」的兩個迴環，「驗之於體」指的是經由吾人自家生命的理解與詮釋，尋得了整個生命的座標，由存在的經驗而上遂於體的過程；「以體驗之」指的是以此上遂於體而尋得的座標，迴返於廣大的生活世界，去座標這個世界，這是由道體而下返於存在的經驗的過程。王氏所謂「認不是」、「找好處」實可以此二者來立言。又王氏的五行治病法，所強調的「撥陰取陽」、「男子進一步以開其源，女子退一步以培其本」亦合於此。筆者以為這裡所隱含的治療學極待開發。

一、問題的緣起

近幾十年來的宗教人類學及文化人類學研究，大體上已清楚的確認，中西文化的差異乃是系統性的，不是枝節性的。中國文化下的宗教亦有其極爲獨特的發展面向，絕不同於西方文化下的宗教之類型。

扼要言之，中國文化下的天人關係是一連續的合一觀，此不同於西方文化下的天人關係是一斷裂的分兩觀。中國是從原始的薩滿模型進一步的深化，開啓了一個「因道以立教」的宗教傳統；相對於此，西方則秉其斷裂的分兩觀的格局而開啓了一個「立教以宣道」的宗教傳統。①

「道」作爲一切存有生成的總原理，亦作爲一切價值判斷的總依準，亦作爲一切道德實踐的心源動力。它超越於一切之上，作爲一切的原理原則；它又內在於吾人心中，而且又不離於吾人的生活周遭。平時它依順著所謂的倫常日用而展現開來，它依倚於血緣性的自然連結，進而開展一人格性的道德連結，並將血緣性的連結提到人格性的道德連結的層次；再以此人格性的道德連結爲核心，去涵蓋天地萬物，整個世界亦因之而成爲一價值意味的世界，人即於此價值意味的世界中長養其自身，並參贊整個天地之化育。

換言之，那原始的宗教之天——天之天，經由人的意義之理解與參贊，轉而成道德創造性的根源性之天——人之天；那原初的自然之天——物之天，亦經由人們的詮釋與點化，而成爲充滿著價值意味及人文意味之天——人之天。如此說來，顯然的，天之天與物之天兩者是以人之天爲核心的；而且，天之天是人之天的上昇之場，物之天是人之天的廣拓之場。事實上，我們常將天之天、物之天暨人之天這三者稱之爲三才，所謂「天，地，人」三者是也．如《易傳》將「天」象之以「乾」，取其高明而剛健之義；將「地」象之以「坤」，取其寬廣而博厚之義。人居於天地之間，則當效天法地，尊乾而法坤，《易傳》所謂「天行健，君子以自強不息」，「地勢坤，君子以厚德載物」，即指此而言。②

① 參見本書第一章〈絕地天之通與巴別塔——中西宗教一個對比切入點之展開〉。又參見《鵝湖學誌》第四期，頁1～14，一九九〇年六月，台北。

② 以上所作有關「天之天」，「人之天」，「物之天」三者的分析，其概念借自於王夫之，請參見林安梧〈船山論「天人之際」〉——《尚書引義》〈皐陶謨〉一文疏解〉，見《王船山人性史哲學之研究》（民國七十六年九月）。

如上所述，顯然的，天、地、人這三者交互形成了一個寬廣而深遠的生活世界，天作爲一切永恆的歸依，同時是一切創造的源頭，地則作爲一切開展的可能，同時是一切成就的落實。人居於其間，必得盡其裁成天地，輔相萬物的重責大任。或許，我們亦可以說「天—乾」是一「形式性原則」，是一「創造性原則」，而「地—坤」則是一「材質性原則」，是一「終成性原則」，而「人」則以此二原則（乾坤易簡）去詮釋天地，並以此去參贊天地。人生天地之間，而以天地爲其「蘊」，天地則以人爲其「門」。「蘊」所指的是一廣大之場，而「門」則指向一終極之路。③

對天、地、人三者作了這麼簡略的概括之後，我們可以發現中國文化並沒有一明顯的彼岸性，或者我們可以說它已將所謂的彼岸拉回此岸，將那人生的終極關懷內存於心中，而不是投向外在的客觀之體。換言之，道體被內化而爲性體或心體，或者說心體，性體，道體通極爲一。就在這樣的「因道以立教」格局之下，中國人採取的是一即道德即宗教，即人文即宗教的特殊型態。道德之於中國人而言，它絕不只是一種誡命或規範而已，更爲確切的說，它是一種源自於人的存在及其所遭逢的宇宙生化的整體所不可自已的根源性動力；宗教之於中國人而言，它亦絕不只是一投向一永恆的絕對那樣的彼岸性宗教，它是一內存於心中，強調當下即是，這樣子的此岸性的圓頓之教。（圓者，充實無缺；頓者，當下即是）。值得注意的是，這樣的圓頓之教及這樣的根源性的道德是在一豐厚而肥沃的文化土壤之下長養而成的，是在一寬廣而深遠的生活世界中孕育而成的。甚至我們可以說，當那些高階的文化系統面臨了嚴重的衝擊之後，漸趨變形或瓦解，此時，作爲底層的文化土壤及那廣大的生活世界卻極可能孕育出一嶄新的新文化新思想，所謂「禮失而求諸野」蓋指此而言。④

對於一般學院的學者而言，萬國道德會是什麼樣的組織，王鳳儀又是何許人也，可能大家都不清楚而且也不會想去瞭解；但我相信只要讀過《王鳳儀言行錄》的人勢必會爲他的眞摯所感動，更值得吾人注意的是，他經由自家生命的體會，所悟的道可

③《易》〈繫辭傳上〉有言「乾坤其易之蘊耶，乾坤成列，而易立乎其中矣。乾坤毁則無以見易，易不可見，乾坤或幾乎息矣。」（十二章）《易》〈說卦傳〉有言「昔者聖人之作易也，將以順性命之理，是以立天之道，曰陰曰陽，立地之道，曰柔曰剛，立人之道，曰仁曰義，兼三才而兩之，故易六畫而成卦，分陰分陽，迭用柔剛，故易六位而成章。」（二章），等皆可爲上所述之註解。《易傳》中類似之言論不可勝數，俯拾皆是，茲不贅引。又形式性原則及材質性原則二語蓋取自於西哲亞里士多德（Aristotle）的形式（form）與質料（matter）而構造之者。

④從「禮失而求諸野」一辭即可清楚的發覺到中國文化的層積結構。筆者以爲中國文化並不是通過一克服與取代的方式來發展其文化，它是通過一涵化及融合的方式而往前發展文化。林同濟及雷海宗以爲中國文化是一木本性文化，此不同於西方的草本性文化。張光直及杜維明則以爲中國文化採取的是一存有的連續觀，此不同於西方文化所採取的是一存有的斷裂觀。這些說法或有同異，但卻都可以納到所謂的文化的層積結構上來說。

以說就是中國民族長久以來所積累而成的「倫常之道」，它是徹上徹下，透裡透外的「仁道」，是怵惕惻隱之道，是通極於宇宙萬物之道，是生生不已的天道。儘管由於王鳳儀沒上過正式學堂，沒受過什麼教育，因而其理論的邏輯嚴密度或嫌不足，但筆者以爲王氏所體會的道可以形成一龐大而可貴的結構，值得我們去疏理它，進而發展它，使之調適而上遂，充實而不可以已。他的《十二字薪傳》隱涵了一套「人的性格學之分析」，有關五行逆運圓轉的理論更可能發展出一套中國式的「性理治療法」，這是值得我們重視的。

二、生命之場的層級列分

王鳳儀，本名樹桐，於清同治三年（西元1864年），在熱河省朝陽縣（清直隸省朝陽府）降生，卒於民國廿六年（西元1937年），享年七十四歲。如彼所述，他原是一個沒受過什麼教育的鄉下人，但他卻秉持著一股來自鄉下的純厚性情，在極爲艱難的情境下，經由自家生命的體驗，格物致知，得悟大道，並積極的投入講習善書的活動，勸人成孝悌，立志學聖人。更奇特的是，他以性理療法接乎倫常道，爲人講病化病，因而得以化性齊家。他的所作所爲可以說毫無丁點的迷信色彩，只是中國傳統的倫常教化而已。⑤

他深切的指出人的本性是通極於道的，只因習染而蔽障了自己本性，遭來了病痛，若能去除此蔽障，自能除病復性。他的口訣極爲易簡，就只「認不是，找好處」二語而已。認不是者，認自己之不是也；找好處者，找別人之好處也。前者旨在反躬

⑤ 關於王鳳儀的事蹟請參看鄭子東講述，鄭宜時編著《王鳳儀言行錄》一書，該書分爲廿五章，第一章：童年（1864－1876），第二章：傭工（1877－1889），第三章：實行（1890－1897），第四章：明道（1898－1900），第五章：講病齊家（1900－1901），第六章：守墓（1901－1904），第七章：度世化人（1904－1907），第八章：倡辦女學（1907－1909），第九章：辦善受挫（1909－1910），第十章：講病興學（1911－1917），第十一章：乞討興學（1918－1920），第十二章：訪道教人（1921－1922），第十三章：黑龍江省興學（1922－1923），第十四章：興學大會（1924），第十五章：遊行講演團（1924），第十六章：貯金立業（1925），第十七章：安達大會（1925），第十八章：崇儉節婚（1926－1928），第十九章：北平萬國道德總會（1929－1930），第二十章：教人行道（1930－1932），第二十一章：東北立會（1933－1934），第二十二章：往長春講道，第二十三章：赴黑河講道，第二十四章：高級道德講習班（1935），第二十五章：聖者儀範（1936－1937）。從這些目錄中，我們可以清楚的發現王鳳儀是一個道地的實踐者，他並不是一理論的建構者。不過，我們卻可以從其所行所事中找尋到一個與人密切關連在一起的理論體系，就中國的「行道」而言，無疑的這已落第二義，畢竟「道德學」是不能取代「道德」的，何況道德學的強調往往易犯了一「道德智識化」的毛病，造成嚴重的道德異化的問題。

自省，後者旨在隱惡揚善，此可以剝極而復，再啓乾坤者也。這是經由一「驗之於體」的工夫，而得歸復其本體，再以一「以體驗之」的工夫，而得開顯於事物之上也。⑥

如王善人（即一般人對於王鳳儀的稱呼，以下凡稱及王氏者仿此）所說他所講的道就只有十二個字——性、心、身，木、火、土、金、水，志、意、心、身。「性、心、身」即所謂的「三界」，是人的來蹤，爲入世之法。「木、火、土、金、水」這五行，當人爲應世之法。而志、意、心、身，此四大界，是人的去路，爲出世之法。（《薪傳》第一節）⑦王善人以爲會了這十二個字才能來的明去的白，性、心、身，三界歸一，五行圓轉，四大界定位，便當體成眞，能爲聖爲賢，成佛作祖。（《薪傳》第一節）

依王善人所言，人是天地人三界所生，天賦給人性，地賦給人命，父母則賦給人身子。性天是純陽的，只知爲人，不知爲己；心地則是半陰半陽的，故有人心道心的區別；身體則是純陰的，故只知爲己，不知爲人。與身相對的是情理，與心相對的是道理，與性相對的是天理；身可以應萬物，心可以存萬理，性可以聚萬靈。然而，天性中有稟性，一旦遮蔽，天性便混了；心地中有私慾，一旦遮蔽，心地便壞了；身上有嗜好，便傷身敗德，勞神傷財。性、心、身，三者是辯證的關連在一起的。身界之不良嗜好一旦增加，心界之私慾亦隨之增加，而性界的稟性（怒、恨、怨、惱、煩）亦會隨之增加。惟有去習性，化稟性才能圓滿天性。練得身動心不動，心動性不動，這才叫三界分清。（《薪傳》第二、三節）

性、心、身，這三個概念用於人的性格的分析，它隱涵了一個辯證的發展關連。除此辯證的發展關連之外，王善人又在每一個概念所涉及的層次置以陰陽兩端。如說「性」，一方面應之以天理，而另一方面則強調其易為「稟性」所蔽；如說「心」，一方面應之以「道理」，而另一方面則強調其易為「私慾」所蔽；如說「身」，一方面應之以「情理」，而另一方面則強調其易為「嗜好」所蔽。如此之陰陽兩端，必其

---

⑥ 這裡所謂「剝極而復」即是「認自己不是」的工夫，所謂「再啓乾坤」即是「找別人好處的工夫」。前者即是一「驗之於體」的工夫，而後者則是一「以體驗之」的工夫。驗之於體，以體驗之，兩者形成一個詮釋與實踐的循環（hermenuetical and practical circle）。這便構成了所謂的「體驗」，這是筆者近年來一再企圖去開發的儒學方法論，筆者以為儒學隱涵了一「本體的詮釋學」。請參看本書第三章〈象山心學義理規模下的本體詮釋學〉，又參見《東方宗教研究》1期，頁169－187，1987年九月，台北。

⑦ 本文徵引文獻以《王鳳儀言行錄》、《王鳳儀嘉言錄》、《王鳳儀十二字真傳》、《儀聖王鳳儀行誼選集》、《倫理講演錄》等為主，尤其以《王鳳儀十二字真傳》為要，簡稱之為《薪傳》，以下仿此，不另註明。

能以陽統陰，去除所謂的賊寇，如此才能三界清平。

茲以所謂的「三界——性、心、身」的模型看來似乎它仍然可以歸到中國傳統中所謂的「以氣言性」的路子，實則不然。因爲王善人儘管這三層列分，不免其平面性及靜態性，而且他在論及性之善惡的問題時，所採取的是統統承認的方式，不過筆者以爲王善人這樣的做法只是傳統民間宗教的習慣，不足以因之即論定其爲「即氣言性」；相反的，我們可以從王善人對於天性本善的肯定，而將之歸於性善論的傳統。⑧或者，我們可以說，王善人在本體上仍然堅持守著中國傳統性善論的底子，不過，對於人的性格的分析則採取了一個更爲適切而實際的處理，這只是一種方法論上的工具，兩者應與分開。總而言之，性天之善是最爲優位的，其它則是一輔助性的說明。

依王善人所說，三界既清，便可登一眞實的福祿壽，如此一來，天曹、地府、人間法律三界便管不著，一旦超出所謂的三界，便可直達佛國。他並將三界與三教的基本理論做一極爲整贍的比配，他以爲佛教的三寶、儒教的三綱、道教的三華皆不外於其三界的結構。他強調佛教三皈，是皈依自性成佛，是皈依自心弘法，是皈依自身持戒；自身持戒得僧寶，心正意誠得法寶，性定生慧得佛寶，如此便能戒定慧三位一體，普度衆生，自明覺性。就道教的三華而言，則性華開，天理足；心華開，道理足；身華開，情理足。而就儒教的三綱而言，則君爲臣綱得率性，父爲子綱得正心，夫爲妻綱得修身。成佛、成仙、成聖、都是發揚天性，化導群生，爲人類謀求永生的幸福，只因三教彼此的時代不同，民情各異，用的名詞亦因之而不同，然而其內在的眞理卻是一樣的。他更歸結的說「人的所做所爲，自性知道，就是天上知道；自心知道，就是地府知道；自己作出來，人人都知道。」（《薪傳》第四、五節）

或許，王善人之將儒、道、釋、三教歸結爲一，其會通的方式不免粗疏，但值得注意的是，他所強調的將一切收歸到自家的身心上來處理，並且強調人人皆有其可貴的天性，不容泯沒。顯然的，王善人這套學問是一爲己之學，而不是爲人之學，一切都要收到自家身心上用工夫。須得一提的是，儘管他在行文中多少令人覺得以「佛國」作爲一切的更高皈依，但這並不意味說他眞以佛高於儒與道，因爲自明末以來，中國民間盛傳三教合一，所謂「紅花、白藕、青荷葉，三教原來是一家。」佛國之名

---

⑧ 王善人於《薪傳》第六節上曾提及孟子所說之性善，荀子所說之性惡及告子所說的性可善可惡，這三者都對，因孟子是就天性說，而荀子則就稟性上說，告子則就習性上說。這樣的說法似乎把人性論劈成了三瓣來處理，事實上則不然，因王善人終其極的是相信天性之善，天性之善是最爲優先的，至於其餘則是其次的。

乃是一三教合一下的理想國度，此與原始佛教所說實已不同，這是值得吾人留意的。

顯然的，王善人雖無念過什經典之作，但我們卻可以極爲淸楚的發現他的「三界說」正如中國傳統易經所強調的天地人這三元的理論系絡，「天－乾」這個形式性原則、或創造性原則，它作爲一切永恆的歸依，並作爲一切創造的源頭，它正相當於王善人所說三界的「性」。「地－坤」這個材質性原則，或受造性原則，它作爲一切開展的資具，它正如同王善人所說三界的「身」。作爲整個天地的核心的「人」稟受陰陽之氣，他上可通極於天，下可開顯於地，他是整個乾坤之道的開顯者，是整個天地之蘊的締造者，此正如王善人所謂三界的「心」。

相應於王善人所謂的三界，他又提出了三性、三身、三命等論點，值得注意的是，這些論點根本上都是從三界的辯證發展關連所引申出來的。相應於三界的「性」的是「天性」，相應於三界的「心」的是「稟性」，相應於三界的「身」的是「習性」。天性、稟性、習性、三者即所謂的「三性」，相應於此三性又有所謂的三身，習性是孽，稟性是罪，天性才是德，因之相應者有孽身、罪身、德身三者。惟有去習性、化稟性，才能圓滿天性，才能行道做德。（《薪傳》第六、八節）

王善人又將三界配三命，強調性與天命合，成了所謂的「道義」，即此道義就是天命；心和宿命合，成了所謂的「智能」，即此智能就是宿命；身和陰命合，成了所謂的「稟性」，即此稟性就是陰命。就此三命之說而言，似乎只有陰命純是負面的，因而必須了陰命，才能止宿命，才能長天命。天命是一創造性的原則，是一規範性的原則；陰命之身則是一材質性原則，是一受造性的原則；惟有經過人心的落實與點化（相對於天命而言是落實，相對於陰命而言是點化），才能充分的展開其構造性原則或終成性原則。換言之，所謂的「了陰命」不是去除陰命，而是經由一規範性原則及創造性原則的落實（即所謂的天命），及經由一構造性原則或終成性原則的點化（即所謂的宿命），使此受造性的原則及材質性的原則能得調適而上遂於道，充實而不可以已。換言之，所謂的「了陰命」的「了」有「遮撥義」，及「完就義」。同樣的，所謂的「止宿命」的「止」，亦不是停止的意思，而是「竭盡」的意思，是竭盡自然之智能而有所成的意思。換言之，所謂的「止宿命」的「止」有「竭盡義」，及「充實義」。關連於此，我們可以說所謂的「長天命」的「長」指的是「成長義」及「養成義」。（《薪傳》第九節）

除了三界、三性、三身、三命之外，王善人尙有「四大界」之論，如彼所說：「三界是人的來蹤，而四大界則是人的去路」。換言之，三界著重的是人生命的根源問題，他以一種層級列分的方式來說明此根源的問題；他所謂的四大界則著重於人生命的歸本問題，彼仍以一層級列分的方式來處理。值得注意的是，王善人所關注的是人所處活生生的生命之場，因之彼所言的來蹤或去路，實則都指的是由於人的自修自証自得的境界，而不是有一懸在那裡的來蹤或去路。也因如此，彼所論的來蹤或去路，論點並無什大差異，只不過使用的架構稍有區別而已。他以志、意、心、身四個層級作爲所謂的四大界，與此四大界相應的則是佛國、天堂、苦海、地獄。志是佛的根，意是神的根，心是苦的根，身是孽的根；用身界做人的人是個糟心人，而用心界做人的人是個操心人，而用意界做人的人是個淨心人，用志界做人的人是個無心人。用那個字當人，就做那種事，便走上那條路，自己的歸宿也就清楚可知了。（《薪傳》第十九節）。

如上所述，可見王善人有關「三界」及「四大界」的區分，不是一定性的區分，而是一方法的區分。這個區分爲的是去彰顯人倫的實踐之道，必其人人能率性行道，正心做德，身體力行，以德養性，以理養心，以技藝養身，良知以潤性，良能以正心，行道立德以立身。人能行得如此，則如一通體透明的亮光體一般，走到那裡，照亮那裡，人人歡迎，個個景仰。（《薪傳》第七節）這便將所謂的三界收攏爲一體，自家作成，無所阻隔，是如孟子所言「君子所過者化，所存者神，上下與天地同流」（《孟子》〈盡心上〉十三章）蓋如是之謂也。

顯然的，王鳳儀所謂的三界或四大界都指出了一個廣大而深遠的場；相應於此廣大的生命之場，他所提出的三性則指出了一個辯證而關連的人性結構，三身則指出了一個具體呈現的人的格位，三命則指出了一具體的實際的人間指向。如上所述，我們可以清楚的發覺到極可貴的是，王善人都將它們拉到人的主體能動性（subjective activity）上來處理。在性、心、身（或志、意、心、身）這廣大而深遠的生命之場中，性不是被決定的，而是人自做的，命亦不是已然的定命，身亦不是註定爲不可挽的，在「因道以立教」的格局之下，人以其體驗，以其參贊，默契於道，發而爲文，展而爲事，皆可以繼其一陰一陽之道，持權其命，作成其性，王船山謂『命日降，而性日生日成』，『未成可成，已成可革』蓋如是之謂也。⑨

三、生命之場的辯證關連

三界及四大界之說是王善人有關生命之場所做的層級列分，而五行之論則是彼對於生命之場所做的辯證關連的論述。依彼所說前者是人的來蹤與去路，爲入世之法及

⑨ 王夫之的人性論充滿了歷史性的氣氛，請參看，林安梧著《王船山人性史哲學之研究》第三章〈人性史哲學的人性概念〉，頁58－65，東大圖書公司，1987，9，臺北。

出世之法；後者則是人的現世，爲應世之法。或許我們可以說前者所做的層級列分，旨在對於人之所生所處的生命之場有一更深更廣的理解，而後者所做的辯證關連，則意在對於人之做爲一個參與到此活生生的生命之場中的一個個體的性格樣態有一恰切的指標，這樣的指標不同於前者的層級列分，它隱涵一極爲深邃的辯證性，他指出了做爲一個人的深刻處、艱難處、及其莊嚴處。人惟於此生命的辯證之場有一眞切的理解，才可能眞正參與於此辯證之場中，力行實踐，成己成物。

王善人揉和了中國傳統的陰陽五行理論，又配合上儒、道、釋三教的一般教義，以自家生命的體會爲歸趨，締造了一套圓滿而周全的應世之法，這套應世之法不是在於「行術」而是在於「修道」，換言之，五行之論乃是王善人有關人的修養論的核心所在，他那著名的「問性治療法」亦在五行的基本結構之下所開發出來的。

五行指的是木、火、土、金、水五者，值得注意的是這五者不是元素，而是在一生命的辯證之場中的五個「位置」（或狀態、樣式），它必須被置於整個辯證發展的連續體中去理解，不可以孤離開來看它。換言之，五行只能將之視爲在整個辯證發展的系絡中具有價值意味的象徵（symbol）而不能將之視爲一個孤離開來的物體或實物（matter）。如此說來，我們可以說五行之爲五行，乃是一種方法上的方便施設，而不是一種存有的論定。⑩

王善人如一般傳統的論法將五行配合五臟、五德（五常）、五方、五元、十天干（五陰五陽）、五戒，並獨特的指出其問性的方法，以作爲其應世的實踐論及修養論的基礎。如肝屬木、心屬火、脾屬土、肺屬金、腎屬水、這五者各分陰陽，陰是消極性的，而陽則是積極性的。它們彼此之間形成兩端的辯證關連，其辯證的核心操持者即是人，因人得五行之秀氣而最靈者，人具有持權的能力，能把握乾坤陰陽之樞，這是値得我們深相慶幸的。

依王善人看來：

木之象爲陽則主仁德、正直、有條理、有主意、能忍辱、有擔當；其象爲陰則主抗上、不服人、寧折不屈。

若得陰木之象的人，必好生怒氣，傷肝而頭迷眼花，胸膈不舒，耳鳴牙痛；欲治此病必得撥陰取陽問『主意』，以仁德存心，德能養性，行持旣久，元性復初。

---

⑩ 事實上，順天行物謂之「行」，「行」指出的是一存在的歷史性，及由此歷史性而來的辯證性，故「五行」一詞不宜視爲元素，而應視爲爲了整體的去理解一存在網絡的權宜施設。

木性人，身材細高，雙肩高聳；長臉、上寬下窄、瘦而露骨、青筋暴露；走路高壓有聲；說話聲音，直而短，齒音；生氣時，面色青而帶殺氣。

火之象爲陽則主明理、謙讓守禮、舉止合度；其象爲陰則主急躁貪得、好虛榮、愛面子、做事虎頭蛇尾。

若得陰火之象的人，必瞋恨傷心，失眠顛狂，瘖啞疔瘡；欲治此病，必得撥陰取陽，問『明理』，以禮存心，禮能養心，行持既久，元神復初。

火性人，身材圓胖、柳肩膀；棗核形臉、上尖中寬、赤紅面、肉多橫紋、毛髮稀疏；行動急速，走路上身搖擺；說話聲音，尖而破，舌音；生氣時，面紅耳赤。

土之象爲陽則主寬厚信實、涵容敦化、樸素篤行；其象爲陰則主固執蠢笨、蠻橫量狹、疑慮勞神。

若得陰土之象的人，必疑怨傷脾，膨悶腹痛，虛弱懶散；欲治此病，必得撥陰取陽，問『信實』，以信養氣，行持既久，元氣復初。

土性人，五短身材，土性人有三厚——背厚、唇厚、手背厚；圓臉、蒜頭鼻子，面色黃；行動，沉重踏實；說話聲音重；生氣時，面色焦黃。

金之象爲陽則主義氣豪爽、敏捷果斷、找人好處，人情圓到；其象爲陰則主虛僞好辯、殘忍忌刻、巧言令色、笑裡藏刀；

若得陰金之象的人，必惱人傷肺，氣喘咳嗽，肺癆咯血；欲治此病，必得撥陰取陽，問『響亮』，找人好處，以義養肺，行持既久，元情復初。

金性人，身段苗條、單薄；長方形臉、顴骨高、面色白、眉青目秀、唇薄齒白；舉止輕佻；說話聲音宏亮，唇音；生氣時，好冷笑，面色煞白。

水之象爲陽則主心靈手巧、擅精藝術、溫柔有智，肯低矮就下；其象爲陰則主遇事退縮、憂慮煩心、愚魯遲鈍、一生受氣；

若得陰水之象的人，必煩人傷腎，腰腿痠痛，虛瘵腎虧，疝氣鬱結；欲治此病，必得撥陰取陽，問『柔和』，認己不是，以智養精，行持既久，元精復初。

水性人，體型肥藏胖；豬肚子形臉，上窄下寬、重下頦、面色淡黑、粗眉大眼、毛髮深黑；行動遲緩，坐立好倚扶；說話漫長而低，喉音；生氣時，好哭，面色陰黑。（《薪傳》第十、十一、十二、十三節）⑪

⑪ 王善人在《薪傳》第十節總說五行性，十一節講五行識別法，十二節講心界五行，十三節講身界五行；筆者，這裡稍做整理綜合，對比而概括的表達如上。

如上所做的概括敘述，我們可以發現王善人關連著人心之靈，以其自家的生命體會，結合了中國傳統以來的觀人之術，從形狀、面色、聲音、行態、乃至身體的狀況，歸結出一套完整的人的性格學來。值得注意的是，他這套人的性格學不只是做爲日常的應對之用，而是提到一更高的層次，以做爲生命的自我理解之用。生命經由這套性格學以做爲方法學，對於自家生命有一適切的理解與詮釋，因而通之，上遂於道；再由道迴返而下，落實於倫常日用之間，這即便是一眞切的參贊。簡言之，我們絕不可以將王善人的五行說窄化成觀人之「術」，而應將之視爲修己安人之「道」。⑫

王善人藉此五行的範疇展開了相生、相剋、逆運及圓轉的一大套說法，他認爲男子是乾道，當法天而行，故以進取爲生，木生火，火生土，土生金，金生水，水又生木；女子是坤道，當法地而行，故以退守爲生，是以逆爲順，木行於水，水行於金，金行於土，土行於火，火又行於木。

從五行的順逆方向，我們可以淸楚的發現，王善人是繼承著中國古老的易經傳統，所謂「大哉乾元，萬物資始，乃統天」，「至哉坤元，萬物資生，乃順承天」；

所謂「天行健，君子以自強不息」，「地勢坤，君子以厚德載物」⑬乾道、天道代表的是一形式性原則，是一開創性原則；而坤道，地道則代表的是一保據性原則，是一終成性原則；前者主開創，故以五行之順運為生；後者主守成，故以五行之退行為生；前者是要走出方向，而後者則要穩為後盾。

茲列表如下說明之：

如下圖所示，人有內五臟：心、脾、肺、腎、肝；內五行相生由火起，心火下降，心中坦然，如陽光普照，地氣上昇與天相接，此為火生土；土之陽氣升而生津液，滋潤肺金，是土生金；肺氣清，氣血變陽水，此是腎水，是金生水；腎水充滿，元精積足，肝氣舒暢，是水生木；木得水潤，肝氣平和，心火平順，是木生火；如此五行圓轉，自然百病不生。

以家庭五行而言，上孝父母，是木生火；光宗耀祖，是火生土；為子孫培德，是

---

⑫ 中國古來常「道術」合稱，有道無術，是有體無用，停留在一抽象的普遍狀態，易著空而虛幻。有術無道，是有用無體，黏著於具體的感性狀態，將如無韁之馬，無舵之舟，漂蕩奔逸，不知伊于何底？王善人於此可謂『因道以起術，由術進乎道』也。

⑬ 此處所引，前兩句語出〔乾坤象傳〕，後兩句語出〔乾坤象傳〕，《易傳》中關乎此之論說甚夥，於此略不論。

土生金；依順母親，是金生水；母愛其子，是水生木；五行圓轉，家道必昌。

以社會而言，盡責守分，是木生火；尊老敬賢，是火生土；穩重信實，是土生金；培育人才，是金生水；明智任事，是水生木；五行運行，社會和樂。

東方（肝）
木（主意或仁德）
仁（長男）
（兄長）

南方（心）
火（明理）
禮（父位）（家長）

中央（脾）
土（信實）
信（祖父母）

北方（腎）
水（柔和）
智（母位）（主婦）

西方（肺）
金（響亮）
義（兒女媳孫）
（弟妹）

爲方便統整，茲將所列五行圖表引述如下：

道教	五方	東	南	中央	西	北
	五陽	甲	丙	戊	庚	壬
	五陰	乙	丁	己	辛	癸
	五行	木	火	土	金	水
儒	五常	仁	禮	信	義	智
釋	五戒	殺	淫	妄	盜	酒
善人	五臟	肝	心	脾	肺	腎
	五毒	怒	恨	怨	惱	煩
	問性	主意	明理	信實	響亮	柔和

此表以五臟爲中心，五常爲陽，五毒爲陰，用五常之德，養五臟中和之氣，去五毒之病根。問性，撥陰取陽可以療病，持五界，養五元可以成道。問性，生陽氣，消陰毒，意沉丹田，聚氣凝神，治病有奇效。

男子苟能由陽木之象，以仁德木必能生出明理火，此是第一步順運；明理無怨，信實不疑，以明理火生出信實土，此是第二部順運；陽土厚道，義氣結納，以信實土生出響亮金，此是第三部順運；義氣自守，認己不是，以響亮金生出智慧水，此是第四部順運；柔和溫潤，博施濟衆，以智慧水生出仁德木，此是第五步順運。

女子以逆爲順，如木性女子，仁德愛人，當以水德爲尚，木得水，此是歸根認母，此是第一步順運；水性人柔和有智，尋人好處，是水行於金，此是第二步順運；金性人義氣相結，承污載物，是金行於土，此是第三步順運；土性人寬厚待人，守禮明理，是土行於火，此是第四步順運；火性人守禮明理，眞有主意，是火行於木，此是第五步順運。果能五行圓轉，內不傷己，外不傷人，是之謂能化。⑭

五行有相生，亦復有相剋，之所以有相剋是因爲氣稟所拘故也。所謂五行相剋，是木剋土，土剋水，水剋火，火剋金，金剋木等的循環，王善人論此大底如同前面所論五行性時，得其陰性者屬之，於此略去不論。再者，王善人亦有五行逆運之論，若是男行女運（宜進取，反而退縮），或女行男運（宜謙守，反而躁急），皆爲之逆運。面對此相剋或逆運的情形，王善人提出了極爲可貴的「問性治病法」。⑮

「問性治病法」爲的是去除所謂的剋逆，除去了剋逆便能五行運轉圓順，百病不生。就五行性的本身而言，其所涉的問病方式大體是用反恭自問、歸復自身的方式來處理，就五行之相剋逆，用的藥方男女各有異同「男子（乾道）進一步以開其源，女子（坤道）退一步以培其本」。現且先述前者，王善人他是這樣說的：

「木性人問自己有仁德心沒有？有我見沒有？好服人不好？看人毛病不看？如果不服人專看人的缺點，就容易動怒氣，怒氣就傷肝。

火性人自問明理沒有？有沒有貪爭的心？著不著急？上不上火？為了虛榮面子著急、

⑭ 以上所述多本王善人之說，見《薪傳》第十四節，文字稍做修改，並力求其邏輯的一貫性。中國民間的講習傳統旨在身體力行，並不很重視論辯，有時在邏輯上缺乏一致性，但絕不可以學院式之咬文嚼字而忽視了民間的智慧。事實上，在一個禮失求諸野的時代裡，民間的文化積澱結構無疑是更待開發的。

⑮ 這種問性治病法極爲類似當前所盛行的諮商與輔導，或者說心理治療。筆者以爲此較類似所謂的「文化治療」或「意義治療」，筆者以爲中國傳統的儒、釋、道三教都個自隱涵了一套自成體系的治療法，頗值吾人去闡揚。請參見本書第五章〈邁向儒家型意義治療學的建立——以唐君毅《人生之體驗續篇》爲中心的展開〉

上火就要恨人，恨人就傷心。
土性人自問有信實没有？有没有疑心病？度量大不大？量小就好怨人，怨人就傷脾。
金性人自問有義氣没有？是不是好分斤撥兩的計較？是否好說假話？對人好計較好虛偽，笑在臉上，惱在心裡，惱人就傷肺。
水性人自問有智慧没有？能否認不是？是否好煩人？煩人就傷腎。
……認不是生智慧水，找好處生響亮金，不抱屈生明理火，不後悔養仁德木，不怨人生出信實土。能時時認自己的不是，處處找別人的好處，不抱屈，不後悔，不怨人，陽長陰消，稟性自然化了。所以我說：「找好處開了天堂路，認不是閉上地獄門」，又說：「古人修道，今人不用修，只把性裡的五毒——怒、恨、怨、惱、煩去掉就成了。您們聽我說翻世界，以為我說大話，其實大事要小辦，人是世界的根，人人都能這樣翻過來，世界還不自然清平了嗎？」。（《薪傳》第十七節）。

若就五行之相剋，有「木剋土、土剋水、水剋火、火剋金、金剋木」，彼之所以相剋，是因爲「陰」所蔽，故木而不能生火，反而剋土，以是之故該當以陽剛之氣進而生火，火則可以生土，則可由相剋轉爲相生矣！餘可類推。此是就男子立論，若就女子則有異同，以木剋土而言，當養其純陰，退一步而行於水，以水養木，如是方可也。

爲說明方便，且列於下：

	（男子）	（女子）
木剋土	問明理（以火救之）	問柔和（以水救之）
土剋水	問響亮（以金救之）	問明理（以火救之）
水剋火	問有主意（以木救之）	問響亮（以金救之）
火剋金	問信實（以土救之）	問有主意（以木救之）
金剋木	問柔和（以水救之）	問信實（以土救之）

病人問：「大家看我明理」，意領氣，慢送入丹田，尾音越長越好。衆人答：「明理」。

（此法必須有人傳授問法，如果用錯了，反出危險。）（《薪傳》第十五節）

如上所說，王善人的「問性治療法」可以歸結爲「撥陰取陽，歸復自身，男子（乾道）進一步以開其源，女子（坤道）退一步以培其本」。「撥陰取陽，歸復自身」，這兩句話可以說是總綱領，它涵蓋整個問性治療法，而「男子（乾道）進一步以開其源，女子（坤道）退一步以培其本」這兩句話特別指得是男女乾坤二道的不同修行辦法。就總綱領而言，歸復自身可以說是儒釋道三家的共法，而所謂的歸復乃是生命的根源性的開發，歸復正是開始而不是逃離，《易傳》所謂「復，其見天地之心」，「復」不只是迴返而已，它是眞正拓深了根源性的開始，是生命的眞正開始，所謂「一元復始」、「一陽來復」皆指此而言。至於所謂的「男子（乾道）進一步以開其源，女子（坤道）退一步以培其本」這是配合著中國的社會結構而給予的角色認定，通過這個角色認定方得以安身立命。

依王善人看來，人的性是很容易瞭解的，因爲做什麼事就成了什麼性，性是由人自做出來的，不是命定的。既不是命定，則便可化，可化在己，而不是在人，只要拓深生命的資源，喚醒人們自家生命的主體能動性，讓人人都成爲一個根源性的存在，便能通天徹地，與天地人我結爲一體。換言之，王善人的「問性治療法」所謂的治療不是一外力的加入而是一種內力的迸發、調適、轉化，進而通極於道。大體說來，前面所說的「撥陰取陽，歸復自身，男子（乾道）進一步以開其源，女子（坤道）退一步以培其本」。這是關連著陰陽五行的範疇論以指出治病之方，這是落實於人的角色及性格結構而展開的；除此之外，王善人又提出了一因應著人的存在處境，而施設的幾個不同的步驟。他依其須要的步驟，分爲三個階段，因之而有三個不同的方法。一是：收心法，二是：順心法，三是：養心法。「收心法」爲的是喚醒病人對於自家生命的關注，當生命回溯到本源時，自能起一無可言喻的信心；信心一旦被喚醒，再繼之以所謂的「順心法」，讓病人能痛痛快快的將生命中的委屈病痛，向您徹底的吐訴，在您的傾聽之下便使得他的生命因之而進入一忘我的境界，這時候您再施以「養心法」，讓他切實的去面對自己的生命根源，使他能經由「信仰」的力量去疏通自家的生命，一旦疏通，病自然好了。⑯這樣的問病方式與前者我們所謂的「五行性理治病法」並不相違，因前者可說是問性治病法的結構性層次，而後者則是實踐的步驟。前者著重的是藥方，而後者著重的是程序。

---

⑯ 見《王鳳儀言行錄》第十章，第九十四節。「問性講病」是王善人一生最重要的活動，他憑的絕不只是一般所謂的神蹟而是人蹟，一種疏通了人的生命的根源的人蹟；王善人所宣講的道可說無丁點兒的迷信色彩，如說是宗教的話，可以說是一人文性的宗教，或者說是一道德的宗教，故其所立之會稱之爲「萬國道德會」允爲的當。

四、結論

如同王善人自己所講的，講三界是爲了知道人性的來源；講五行先講木性，也是爲的元性復初，恢復本來面目的仁德；講四大界定位，爲的是定在志界。志通佛國，志是道的根，性是道的體，忠恕、博愛、慈悲、是道的用，聖、賢、仙、佛是道的果。（《薪傳》第二十節）。

顯然的王善人之所以講三界、五行、四大界，可以說都是爲了促使人們在活生生的生活世界之中，去尋得自家生命的根源，而值得注意的是所謂自家生命根源的探索，是不能由外人來替代的，須得經由自家的生命體驗才能尋得的。所謂的生命的體驗絕不是泛泛的、平面的、一般的經驗，它不是一概念性的把抓，更不是一理論的遊戲，它是一來自生命深處的感通振動；經由這樣的感通振動，使得生命的根源因之而開發出來，如孟子所言「若泉之始達，若火之始燃」，「若決江河，沛然莫之能禦」！換言之，所謂的「生命之體驗」「體驗」二字指的是「驗之於體」，「以體驗之」的兩個迴環。驗之於體指得是經由吾人自家生命的理解與詮釋，尋得了整個生活世界的座標，這是一種由存在的經驗而上遂於體的過程；以體驗之指的是以此上遂於體而尋得的座標，迴返於廣大的生活世界，去座標這個世界，這是一由道體而下返於存在的經驗之過程。前者即王善人所常言「認不是」的功夫，而後者則是所謂「找好處」，實則「認不是」與「找好處」是一體之兩面，正如同「以體驗之」及「驗之於體」是一個圓圈的兩個來回，兩者並無先後之別。前者是「撥極而復」，而後者可謂「再啓乾坤」。（同⑥）

如前所說，我們正可以發現王善人的論點淸楚的彰顯了中國傳統「天、地、人」的結構，在這個廣大而深遠的生活世界之中，人取得了詮釋的首出性，人因之而自作主宰，並且參贊之，化成之。在人的根源性及整體性的要求之下，人以其生命的性情去廣涵天地，人以其獨得的五行之秀氣而最靈的心地，去涵合天地；在這個過程之中，人從而學習到在理解詮釋的過程中，去轉化去創造，以仁爲安宅，以義爲正路，而達到一道通爲一，人我一體的境界。

當然王善人這樣的一套思想與中國的傳統社會結構是互爲呼應的，他代表了中國人長久以來的基本結構方式，同時是中國人長久以來的倫理道德的基礎，當然中國人的價值判準長久以來亦安立於此。這裡有極可貴的智慧在，仍待我們去開發，務其能調適而上遂於道，務其能深宏而肆，充實而不可以已。雖然中國人的存在構造已經有了極大的改變，但是畢竟我們是在深厚的中國文化的積澱結構下長成的，我們的精神樣式仍然與傳統有密切的關連；因此如何的去開發傳統的精神資源，並予以轉化，可以說是一刻不容緩的志業。

最後，筆者想說的是：雖然王善人他不是什麼偉大的理論家而只是一個實踐者，他出身寒微，甚至連正式的學堂都沒上過，他只是一個純樸的莊稼漢，但是在一個豐厚的文化土壤之下卻孕育了這麼一個偉大的實踐者，他以其肫懇的生命，戮力的走在人生的道途之上，他體道不厭，誨人不倦，眞堪稱爲一個仁者與智者，「仁且智，夫子既聖矣夫！」其門下稱之爲「儀聖」，允爲的當。

附錄　實踐的異化及其復歸之可能

——環繞臺灣當前處境對新儒家實踐問題的理解與檢討

〈提要〉

本文想通過一宏觀的方式，先就台灣當前的處境，指出其所隱含的雙重主奴意識，做出哲學的解析，並進一步豁顯當代新儒家其所須面對的問題。這樣的作法為的是要去清理出臺灣當前的認識論的情境基礎或背景，筆者以為這一步工夫是極為必要的。筆者以為類似這樣的工作，一方面是詮釋與理解，但另一方面，則又是一文化的治療或者說是意義的治療，其實，理解、詮釋及治療本就關連為一的。筆者指出一旦清理出了所謂的「雙重的主奴意識」，便可更進一步檢討在這「雙重主奴意識」之下的批判是一個什麼樣的批判。再者，筆者指出臺灣當前的批判意識激進者多，而返本歸原者少。做為儒家繼承者的當代新儒家對於這樣的問題似乎關切不深，而這與其學問的淵源有密切的關係。因此，筆者對當代新儒家的思想淵源——宋明理學，做出哲學的解析，指出程朱學如何會落到以理殺人的地步，而陸王學又如何會落到虛玄而蕩，情識而肆的地步。筆者的處理方式不同於前賢者，在於筆者將之擺置在歷史社會總體的情境之下來思考這個問題，筆者以為宋明儒學非僅為一修身之學而已，它更宜作為一社會哲學來加以考察。做了以上這些清理之後，筆者又進一步的以當代新儒家的熊十力及牟宗三兩位先生做為一個例示，指出其哲學所強調的『實踐』義涵究有何特色，又有何進於宋明新儒學的地方，其限制又何在。當然，筆者的處理方法仍然是深具歷史哲學及社會哲學意義的。在處理的過程中，筆者藉此指出了熊、牟二先生有何異同，進而指向一新儒學之可能。

一、問題的提出

當代新儒家之問題核心點，可說就在所謂的「實踐」一詞上頭，但這裡所謂之「實踐」並非一般所謂的「社會實踐」，亦非一般所謂的「日常實踐」。當然儒家所謂的實踐實亦不離社會實踐或日常實踐，但並不即是社會實踐或日常實踐。換言之，我們並不能通過一般所謂的「日常實踐」或「社會實踐」來規定儒家的實踐義，因儒家的實踐義，實有過於此者，而這正是本文所想要處理的論題所在。

做了以上這樣的表述之後，或許大家心裡第一個問題是，當代新儒家這些年來，在知識界常被指爲缺乏實踐力，筆者如何的能夠說「當代新儒家之問題核心點，即在所謂的『實踐』一詞上頭」呢？筆者會不會只是自說自話呢？其實，筆者想連帶一提的是，當前台灣知識界所謂的「實踐力」一詞，不但衆說紛紜，而且已成了一個意識型態極重的字眼（台灣當前的文化界及知識界充滿了意識型態的困局，頗難突破），它常常被用來作爲排斥異己的棍子。而這樣的文化生態是值得檢討的。我們所應從事的除了就新儒家的理論去檢討以外，我們更應做的是去檢討何以一個素來標榜「實踐」的儒家，而現今竟被指爲缺乏實踐力，現今知識界所熱衷的「實踐」又是什麼樣意思下的實踐，這些繁難的問題都是我們所要處理的。

顯然的，「實踐」並不是由「理論」或「知識」所導生出來的，尤其作爲中國文化主流的儒家一向是以所謂的「實踐」作爲其哲學的首出地位的。正因這樣的理由，我們更須從一實際的角度來處理這個問題。換言之，筆者在處理這個論題時，所採取的方法論角度即是以實踐（或實際）爲優先的，筆者相信任何關係到人的理論一定不能脫去人的實際因素，因此，在檢討關係到人的理論時，必須以人廣大的生活世界，及複雜的歷史社會總體爲背境去思考，這樣才不會閉門造車，自說自話。

本文想通過一宏觀的方式，先就台灣當前的處境，指出其所隱含的雙重主奴意識，做出哲學的解析，並進一步豁顯當代新儒家其所須面對的問題。這樣的作法爲的是要去清理出臺灣當前的認識論的情境基礎或背景，筆者以爲這一步工夫是極爲必要的。筆者以爲類似這樣的工作，一方面是詮釋與理解，但另一方面，則又是文化的治療或者說是意義的治療，其實，理解、詮釋及治療本就關連爲一的。我們一旦清理出了所謂的「雙重的主奴意識」，便可更進一步檢討在這「雙重主奴意識」之下的批判是一個什麼樣的批判，其實，我們可以極清楚的發現，臺灣當前的批判意識激進者多，而基切者少。做爲儒家繼承者的當代新儒家對於這樣的問題似乎關切不深，這是令人遺憾的。筆者以爲這與其學問的淵源有密切的關係。因此，筆者擬對當代新儒家的思想淵源——宋明理學，做出哲學的解析，指出程朱學如何會落到以理殺人的地步，而陸王學又如何會落到虛玄而蕩，情識而肆的地步。筆者的處理方式不同於前賢者，在於筆者將之擺置在歷史社會總體的情境之下來思考這個問題，筆者以爲宋明儒學非僅爲一修身之學而已，它更宜作爲一社會哲學來加以考察。做了以上這些清理之後，筆者擬進一步的以當代新儒家的熊十力及牟宗三兩位先生做爲一個例示，指出其哲學所強調的「實踐」義涵究有何特色，又有何進於宋明新儒學的地方，其限制又何在。當然，筆者的處理方法仍然是深具歷史哲學及社會哲學意義的。在處理的過程中，筆者想藉此指出，熊、牟二先生有何異同，進而指向一新的儒學之可能。

二、從雙重主奴意識看實踐的異化——臺灣當前文化的困境

在談及「實踐力」的問題時，當代新儒家常被指爲「泛道德主義」，這樣的指責雖非空穴來風，但並不見得就道地。①誠如大家所知，儒家自古以來即以「道德實踐」作爲首出，但所謂的「道德實踐」並不只是爲日常規條所限的道德實踐，它是要通及於宇宙萬物的，它終其極是要要求「與天地合其德，與日月合其明，與四時合其序，與鬼神合其吉凶」的，它是要達到「萬物皆備於我」境地的，要達到「上下與天地同流」理想的。②事實上，中國人所謂的「道德」，不管是孔子之強調的道德，如所謂的「志於道，據於德」，或老子所謂的「道生之、德畜之」、「人法地、地法

① 指當代新儒家爲泛道德主義者甚多，以林毓生爲代表的自由主義者常做此說，林氏甚至在「當代新儒家與中國現代化」的座談會上，指責唐君毅先生缺乏批判精神，對於中國文化的理解太一廂情願。林氏又對於牟宗三先生所提「中國有治道的民主，而沒有一政道的民主」提出强烈的批評，其實林氏誤解了牟氏的見解而滋生不必要的枝節，以林先生平日治學之謹嚴，竟犯此病，此亦可見當代新儒家所受待遇不公平之一斑。此不公平，當代新儒家亦復不能有所憾恨也，因此乃中國民族之共業，傳統主義者必當擔代也，不可怨、不可悔，只能馨香禱之，調適而上遂之，不使惡化可也。所說林氏之言，載於《中國論壇》第十五卷第一期，總號169，1982年十月十日出版）。

② 以上引言，出自《易經》及《孟子》。

天、天法道、道法自然」及「善不善之謂德善」、「上德不德是以有德」③，都顯示了所謂的「道德」乃是在廣大的生活世界之中，即事言理，當下體證，一方面證之以體，另方面則又以體證之，通極於道，渾融爲一體這樣的實踐義。④

然則，歷史上果眞有一極爲僵化的「泛道德主義」的出現，這是一不爭的事實，這又該當做如何的解釋呢？當代新儒家的「道德理想主義」如何與「泛道德主義」區分開來，這的確是一極爲迫切的事情。更須一提的是，這個區分不能只是理論內部區分的事情，而且它更是一思想史的實際事件。筆者所想問的是，在一個什麼樣的氛圍之下，使得大家一理解到所謂的「道德」便認爲是那樣子狹義的道德，一想起道德的理想便說那是「泛道德主義」。這絕對不只是一理論的問題而已，它更根本的是一文化生態的問題。當大家極力的在撻伐當代新儒家缺乏實踐力時，我倒想從另外一個角度來審思，什麼樣叫做實踐力？是一個什麼樣的文化生態，使得當代新儒家所強調的實踐性不爲人所重視？或者是一個什麼樣的文化生態，使得當代新儒家喪失了所謂的實踐力？

關於這樣的問題，筆者曾在《臺灣、中國——邁向世界史》題綱中，沉痛的指出這是由於內外交逼而形成一「雙重的主奴意識」的嚴重問題。⑤現且簡述如下：

（爲討論方便，筆者所列如前，不另更張）

貳、洞察世界史的契機，擺脫雙重的主奴意識是台灣當前的首要課題。惟有克服了主奴意識才可見其自身才得受記於上蒼（上帝）。⑥

貳、一、第一重主奴意識是歐陸及美洲的世界史中心支配所成之意識形態。籠統的說是一外力性的主奴意識。

貳、二、第二重主奴意識則是長久以來中國獨統說的母體嚮往及父權宰制所成之意識形態，籠統說是內力性的主奴意識。

貳、一一、外力性的主奴意識長久以來使得臺灣（及中國大陸）的文化心靈意識結構產生一個極爲嚴重的後果。這個後果是伴隨著社會、經濟、風俗等一齊展開的。

貳、一二、最爲嚴重的是我們只是做爲一個接受體，我們是一個乞食者，我們竟

---

③以上引言見《論語》及《道德經》。

④關於「證之以體、以體證之」，這隱含一極爲完整的本體的詮釋學與本體的實踐學，請參見本書第三章〈象山心學義理規模下的本體詮釋學〉、第四章〈王陽明的本體詮釋學〉。

⑤關於「主奴意識」一詞，緣自黑格爾《精神現象學》，此處只是借用，或有取於黑格爾處，但不必其同也，讀者或依脈絡理解可知。又《臺灣、中國—邁向世界史》一書，1992年，唐山出版，台北。

⑥這裡所說的「雙重主奴意識」並不是危言聳聽，現前臺灣的知識分子卻不太有此感受，而這正可說明此「雙重主奴意識」已內化深化於一般人的心靈之中，這是極堪注意之事。「臺灣」仍然處在文化殖民地、思想殖民地、及哲 學殖民地的情況之下，這是不容否認的事實。

喪失了創造力及生產力。⑦

貳、一三、更具體的說，由於我們喪失了眞正思想或哲學的創造力及生產力，於是我們並未能眞正去操作所謂的概念。因爲概念不只是個工具，它是一個由我們生命之反思而得的東西，這個反思是用來說明自己身分的。正因如此，許多人以爲概念只是工具，如此看法顯然是將概念與我們的生命疏離了。

貳、一四、一個與概念疏離的生命是不可能進到理念階段的。它只能以一種極爲粗淺而浮面的感性方式存活於乞食及接受，它不可能具有生產力及創造力。

貳、一五、只有理論而沒有生命之實感，正如同一棵無水可灌溉而枯死的樹苗。⑧

貳、一六、沒有進到理念的境地，那種生命的現實仍然只是無明風動的感性。這時所謂的哲學應是一種「懷疑」與「虛無」。臺灣的哲學界似乎能免於這種懷疑與虛無，但是因爲他們被一種學院的圍牆包裹著，學院的圍牆包裹著黨派的利益。在黨派的利益下大家啃噬著知識的死屍，卻津津有味的宣稱著它的芳香，一個連芳香與死屍都能關連起來的哲學，那是比懷疑及虛無還惡劣的哲學因爲懷疑及虛無雖無生產力卻有流產力，而這正是邁向重新懷孕的可能。至於我現在所說的這種，那是胎死腹中，可憐！或者根本是不孕症。在外力性的強暴摧殘之下，它變成不孕的婦人。竟然它宣

稱懷孕是上帝對人的責罰，唯有不孕才能不停的的作愛。值得注意的是，一個被強暴

⑦ 「貳、一二」所謂「我們祇是作爲一個接受體，我們是一個乞食者，我們竟喪失了創造力及生產力」。這一方面與臺灣的歷史情境密切相關，另一方面則是大家對此歷史情境的理解不夠，或者說大家缺乏真正的歷史所致。臺灣長久以來，一直沒有建立起自己的身分，沒有自己認同之主體，因爲它起先是政治上的化外之地，島夷海寇居之，後是荷蘭的殖民地，而後又作爲明鄭所據之一隅，終爲清之版圖，仍屬邊陲；又於甲午戰後，割讓日本，達五十一年之久；一九四五年至今，則爲國民政府所在。明顯的，長期以來的歷史經驗，使得它淪落爲「亞細亞的孤兒」。但奇詭的是，這個長久以來淪爲「亞細亞的孤兒」、作爲「中國文化的棄兒」的臺灣，竟必須擔負起中國文化的責任，亦必須擔負起世界史的責任。這正如同中國歷史上的「周」，其始祖「棄」之爲棄兒，卻必須擔負起中國歷史之關鍵性的起點之任務。不過，現前的臺灣仍處於一個接受體及乞食者的境域，這是任何有識者所不願、所不忍的。這不願、不忍正是迴返主體性及同一性的動力。這樣的不願及不忍剛好吻合了世界史新的契機，因而它有了新的可能。

⑧ 「貳、一三」所强調的「概念不祇是個工具」，這樣的提法是值得注意的。概念不祇是個工具，但概念卻有作爲工具身分這個層次者。臺灣當前學界極大多數人將概念與生命疏離開來，而將之視爲工具，也因如此而引起另一個對立面—强調當該追求生命的直接感通，而此勢必得拋棄概念之言說，而代之以日常之語言。事實上，「概念工具論」及「生命直契說」是作爲對立面的兩端這樣的一對「孿生兄弟」，都可見臺灣地區哲學、思想或人文的貧困。因爲這種貧困狀況，使得那些作爲「理念層次」的言說系統變得抽象而空洞，再加上政治性的言說系統之宰制，使得理念層次的言說系統其抽象化、空洞化益形嚴重。概念層次的言說系統原是作爲日常生活之感取系統及理念層次的言說系統之中間的溝通者及調適者，這層次一旦被工具化則使得理念層次的言說系統抽象化、空洞化，使得日常生活之感取系統變得粗俗化、俚野化。此即所謂的「教條式的空洞理念」及「現實上無明風動的感性」之一體兩面，同時具現。這種具現情形俯拾皆是，如廟會時，於神明前大演脫衣舞，正可見一斑。

多次的純潔少女是可能變成不自覺之淫婦的，這是一件極爲悲哀的事情，思之慟心！⑨

貳、二一、內力性的主奴意識是由中國傳統的父權意識之高壓與崇高，暨母體嚮往之溫婉與潤澤，錯雜交結而成的。前者爲陽，後者爲陰；這一陰一陽造就了臺灣地區那種內力性的主奴意識。

貳、二二、父權意識，家長制的高壓與壟斷及其所伴隨之道德崇高，造就了一個擬上帝的宰制型倫理，它深入到每一個人的生命之中，成爲迫壓他人及被迫壓的奇怪組合。這樣的心靈意識結構一直在主奴意識的格局中擺盪。

貳、二三、這個表現就其具體的來說，它表現在所謂的文化道統。文化道統、父權意識家長制的高壓壟斷雖然有別，但卻一直伴隨而生，如影隨形。它形成一股軌約性的力量，是理性之抽象的表現。

貳、二四、一個理性之抽象表現這樣的軌約性力量所成之文化道統，它是會要求落實的。它要求落實而事實上卻又不能落實。則它便變逐漸形成一個空的殼子，喪失了靈魂，它一直沒有辦法成爲一理性之具體的表現。

⑨

「貳、一六」所言或嫌過激，但卻屬實情。事實上，臺灣當前的哲學研究，要不停留在「文獻」的爬梳上，便是簡介，而且極大部分是趕西方的時髦，祇是作為整個世界體系的邊陲之應聲蟲而已，甚至連應聲蟲的角色都扮演不起。大體說來，人文、思想、及哲學的研究約有三個層次，一是「收屍者」，二是「收養者」，三是「生育者」。「收屍者」是將之視為死的研究對象，加以整治、清洗、粉飾一番，而後置入「棺材」之中，然後領取收屍及整治的貲用。「收養者」則比「收屍者」高明的多，他雖無懷孕、生產的可能，但卻具有養育的能力，因而可以認養別人所生產的小孩。問題是收養的工作極為艱辛，不易完成。無堅強之忍受能力，勢必棄養，由於棄養，徒增更多未成年的死屍。這即便是所謂的「知識的嬰靈現象」。再說之所以棄養還有一個更重要的原因，那是因為臺灣的學界之中，有些人雖能免於「收屍者」而進於「收養者」，但他將其所收養的視之為「小寵物」，過了一段時間小寵物便夭折了，這時祇好收養新的「小寵物」。在臺灣，思想的生育者極少，縱或有之，亦被學術界視為異端。在一個長久沒有人懷孕及生育的國度裡，一旦有人懷孕應是可喜可貲，但卻易遭來白眼，甚至被視為怪物；因為思想之不孕一旦成為學院的共識，並經由此共識而建立起一套宰制性的規範，任何有懷孕跡象皆可能被強迫作「思想墮胎」，於是在這樣的「人工流產」下，製造了更多「早產的死屍」。事實上，思想的生育者、收養者、及收屍者這三個階層都極為重要，但問題是所謂的「收屍者」要界定在於清理、釐清這個工作上，而「收養者」要界定在於思想的傳宗接代上，至於「生育者」之界定在為了思想的返本開新，勇猛突進上。在一個沒有生育者或生育者太少的思想國度裡，必然會產生主體性及同一性危機的；而長期以來，習於收養者之角色，勢必喪失了「生育之能力」；長期以來習於收屍者的工作，勢必誤以為死屍之芳香，而且誤以為死屍是活物。台灣的思想界之無懷孕及生產之可能乃肇因於外力性的強暴摧殘所致，但這又是不可避免的。不過歷史的契機似乎已將之帶到一新的轉捩點，祇望那轉捩點的到臨。「方法上的懷疑」及「本體上的虛無」乃是揚棄既往以來「黨派利益」鬩牆的強大動力，它的根本動源則來自於少數的秀異分子及廣大的民間社會所支持的力量。這可能是一漸進的思想體制內改革，是由「黨派利益」蛻落下來，而突顯一「黨派性」，由於黨派性而有真實的鬥爭與辨證。儘管由此蛻落下來而突顯的黨派性仍祇是消極性的，其展開的鬥爭與辨證否定性的居多，肯定性居少。但這種「否定性的辨證」卻足以激濁揚清，而使得哲學的概念性反思活轉過來。

貳、二五、這時文化道統的殼架不但無益，反而形成進步的障礙。正因如此，大家急得去鏟除它，但這樣的鏟除是連其重生的可能性也不計了。它勢必面臨更嚴重的代價。

貳、二六、文化道統之衰頹與死亡，則父權意識之家長制便維繫不住了。軌約性的原則破壞了，連抽象的理性都瓦解了。人退回了感性之階段，而此感性仍是抽象的感性，一切在沒有定準之中，這便是所謂的解構。

貳、二七、台灣當前的解構，雖可以含有未來的生機與嚮往，但卻是極爲渺茫而難堪的。是令人憂心的，但這又是無可避免的。

貳、二八、對於母體之溫婉與潤澤之嚮往最明顯的表現是土地意識，土地是母體的象徵；土地是孕育主體意識之母，而文化是孕育主體意識之父。

貳、二九、文化道統這主體意識之父一旦漸形解構與瓦解，則主體意識其理性之軌約性原則亦定然瓦解無存，此時唯剩下一土地意識這樣的母體，而且這母體又不是具體而落實的母體，而是一漂洋過海，位乎彼岸的母體，這樣的母體乃是一抽象而掛空的母體。

貳、二十、儘管它是抽象而掛空的母體，但它仍然散發著一股迷人的魅力（雖然這股魅力是若有若無的），彼之所以這樣有魅力，乃因爲任何一個族群都有這個須求，居住臺灣這塊土地上的族群，長久以來就忽視了自己所居所處這塊母土，這便使得台灣長久以來陷入一母體之實體化所蘊含的主體意識的困結之中。

貳、二十一、主奴意識是由潛隱而逐漸表現以成的。這個過程正與國民政府之逐漸喪失對於中國大陸之主導權而浮升上來。起先是對於大陸之主導權由實質的狀態，退返回抽象的狀態，最後其所堅持的東西也逐漸瓦解了。

貳、二十二、在這種瓦解狀態之下，便有所謂的極端的臺灣本土意識之崛起。這個崛起代表另一個感性的母體意識的召喚。這個召喚一方面更徹底的摧毀了原先那種抽象的理性所成的軌約性原則。

貳、二十三、面對這種感性的母體意識，亟待一具有新的軌約性的理性原則之父性意識的來臨。但這裡的父性意識不是原先家長制的宰制性意識，而是一種哲學的反思所成的自主自宰之意識。這指向一新的文化之建立。

貳、二十四、新文化的建立並不意味著不要中國文化，而是要吸收各種文化（當然中國文化是一最爲重要的資源）而締造之。

貳、二十五、凡是拒斥中國文化，以爲中國文化便是大陸之母體者，這是因爲彼等仍停留在抽象的感性階段，無法了解文化之爲文化蓋有其具體之普遍故也。持如此之態度者，頂多只能是歷史階段之工具，而不能建立其主體的身分來參與歷史。

外力性的主奴意識與內力性的主奴意識所交織而成的糾結，使得當代新儒家原先所強調的「實踐力」根本無法推展開來，更且在這雙重的主奴意識之下，使得原先所謂的「實踐力」異化成一個「它在」，而成爲吞噬其自身的東西。也就是說，原先儒家所強調的「實踐力」不但無法表現出來，而且這「實踐力」成爲一個用來被指責的東西，它以一種盲爽發狂的方式表現出來，並且大勢的指責儒家沒有實踐力。或者亦可以說，儒家在這樣的情境之下，根本表現不出所謂的「實踐力」。這正如同孔子、孟子生在春秋、戰國時代，亦無法表現出現實的實踐力。或者說他們的實踐力之表現亦很難得到當世人的信可。

不過，話說回來，當代新儒家關於「實踐力」的問題果眞都無可議嗎?此又不然，其可議處尚多。只不過，必須通過這裡所謂「雙重的主奴意識」的疏清之後，我們才能免於人云亦云式的檢討。其實，當前涉及所謂的「實踐力」的問題，最重要的是去疏清這雙重的主奴意識，這樣的疏清活動便是一最爲重要的實踐活動。當前，批判新儒家的各個流派，大部分都落在這雙重的主奴意識中打轉，它們出主入奴的去批判當代的新儒家；即使是當代新儒家實亦不能免於這雙重主奴意識的限制，雖欲突破而不可得。當代新儒家既對於所謂的「雙重主奴意識」覺察不足，不能予以批判，甚至困在此氛圍之中，就此而言，顯然可以批評它是缺乏實踐力，或者說其實踐力不足。

三、實踐的異化下的批判意識

台灣這數十年來的知識分子一直陷溺在雙重的主奴意識之中，當他們一涉及到學問的討論時，更充分的顯示出這種狀態。無疑的，台灣當前的知識界，看似熱鬧，實則喧囂而已。就他們之勇於「批判」，往往只是做爲其所批判的對象之對立面而已。爲了更清楚的說明這個現象，茲再衍述上面所引的題綱之「貳、一三」，以做進一步的討論：

更具體的說，由於我們喪失了眞正思想或哲學的創造力及生產力，於是我們並未能眞正去操作所謂的概念。因爲概念不只是個工具，它是一個由我們生命之反思而得的東西，這個反思是用來說明自己身分的。正因如此，許多人以爲概念只是工具，如此看法顯然是將概念與我們的生命疏離了。

當然就概念的操作而言，固有其工具的一面，但概念絕不只是工具，概念是一個由我們生命之反思而得的東西，而且這個反思同時是用來說明自己的身分的。由於困在雙重的主奴意識之中，使得整個文化匱乏，思考貧弱，因而出主入奴的以爲有一所謂的「純客觀」的「概念」（或範疇）做爲思考的工具，只要依循著這些工具便能獲致所謂的「眞理」。當人們由於文化匱乏，思考貧弱，使得人們不能理解到在現實社會的複雜總體之下，進行所謂的批判活動，根本不能擺脫霸權與宰制的力量，尤其在從事一項偉大的霸權與宰制力量之革命與瓦解的活動時，極可能是以暴易暴地代之以更可懼的霸權與宰制，只不過因爲生命的虛弱，極度須要依靠，便以一種投靠的方式，虔誠的膜拜它，並用這樣的方式來裝扮自己的偉大與正義。我們可以深思從五四以來，所謂的「批判」有多少能免於此者。難道這樣的批判才有所謂的「實踐力」，這樣的實踐力又將中國推向了那裡呢？

事實上，台灣當前所常聽到的「批判」（尤其是理論上的批判），往往都站在一超然的（其實骨子裡是漠然）、不相干的立場上，來從事相干的批判活動。他們往往忽略了具體而活生生的生活世界，他們喪失了由整個歷史社會總體來做反思的能力，他們當然很難由此去締構一理論，再回來對這具體而活生生的生活世界及歷史社會總體展開理解、詮釋與批判，頂多他們只能借用既成的理論來從事罷了。比如說，阿圖色（L．Althusser）以其所謂的「多元結構決定之總體性」這一反目的性的概念，來反對黑格爾（W·H·F·Hegel）唯心主義本質論的表現總體性這樣的歷史目的論，當然有其極爲複雜的horizon，並不是說阿圖色就已經超出了黑格爾，就能取代黑格爾，黑格爾就是歪理，而阿圖色就是眞理的化身。⑩事實上，人文世界的思想尤其是具有批判性或實踐性的思維都是「因病而藥」罷了，我們不了解眞正的病徵，只看人家怎麼服藥就猛跟著服藥，這不但不能作到「因病而藥」，反而由於任意投藥，造成「因藥而病」，結果是「舊病未去，新病復來」，舊病新病交侵的情況之下，文化爲得不匱乏，思考焉得不愈爲貧弱呢？其實，只要稍知黑格爾者就知道黑格爾的辯證法乃是對於整個歷史社會總體及廣大生活世界的反思所作出理論性的總結，它實不能以單純的、一元決定的、以爲一切事物的發展是一個單純的矛盾自始至終地、目的論地決定著這樣的方式去理解它。當然，阿圖色之所以這樣批評黑格爾，亦不是毫無道理，而是因爲他所存在的處境（包括其生活世界與歷史社會總體）下的黑格爾是這樣

⑩ 陳忠信先生於所著〈新儒家「民主開出論」的檢討〉一文即主此說。（見《臺灣社會研究季刊》第一卷第四期，1988年冬季號）。陳文刊出後，路況、李明輝、蔣年豐諸先生紛與回應及評論。

的黑格爾，並不是說黑格爾就只是這樣。⑪這正如同清代中葉的戴東原批評程朱之學「以理殺人」，這並不意味著程朱之學眞的以理殺人，而是說在戴氏所處的處境之下，程朱之學所強調超越的形式性原理異化成一迫壓及宰制的力量，須得瓦解，才能復顯生機。再說戴震的做法是否眞能達到其目的，本已難說，又那裡可以直以爲程朱之學就是以理殺人之學呢？⑫

本來，任何一個思想都必須是在一人己、物我的互動過程中，才得貞定，不同的人己、物我的互動過程，形成一不同的存在處境、與不同的理解背景，因而使得人們對於某個思想有著不同的理解，或者說，這時候，所散發出來的思想觀念便有所差異。在一個實踐的異化之存在處境下，當然會有一異化的理解，基於這樣異化的理解，隨之而來的批判當然不可能平情而論，但這並不意味著這樣的批判毫無意義。因爲任何的實踐都隱涵著一個要求自由的特質，即使是一個異化下的批判活動，它仍然有著克服異化的可能。但更爲重要的問題是，我們如何去善遂這個可能，因爲吾人如果沒有去善遂這個可能，那麼，他不但只停留在抽象狀態，而且會再異化成另一物，如此物交物引之而已矣！在一往不復的情況之下，這樣的實踐異化下的批判，不但沒有達到批判的功能，反而增長了異化。臺灣當前的批判意識，之所以「扶得東來西又倒」，其根本的病源在此。

至於如何善遂當前的批判活動，克服異化，這是一極爲艱難而有趣的論題，頗值吾人更進一步申論之。筆者以爲善遂當前的批判活動，最爲重要的是經由一種後設的反思，對所謂的批判做一同情的理解，搞清楚其批判之爲批判是一個什麼樣的批判，如此「因而通之，皆可以造乎其道」，這才是善遂之途。⑬譬如當前許多自許爲前進的知識分子，常將儒家文化傳統視爲與宰制性的威權體制是同一個東西，又常將儒家文化傳統等同於父權專制、男性沙文主義，再者也有將國民黨的威權體制與上述種種統統等同起來的。從知識論的角度來說，明顯的，這是犯了範疇誤置的謬誤；但值得

---

⑪ 關於黑格爾究竟有否多元的結構性，爭議頗多，如 Paul Ricoeur 在所著〈Lectures on Ideology and Utopia〉中極主有多元的結構性，E．P．Thompson 於〈THe Poverty of Theory〉一文中亦有所論略，對於阿圖色（L．Althusser）亦多所批評。

⑫ 茲引戴震所言一段，可以明之。如下：「尊者以理責卑，長者以理責幼，貴者以理責賤，雖失謂之順。卑者、幼者、賤者以理爭之，雖得謂之逆。於是下之人不能以天下之同情，天下之同欲而達之於上。上以理責其下，而在下之罪，人人不勝指數。人死於法，猶有憐之者，死於理，其誰憐之。」《孟子字義疏證》筆者於〈近現代哲學之思想義涵及其啓蒙曙光〉一文中曾論及此，見《中國哲學家與哲學專題》下册，頁289－290。國立空中大學印行，民國七十八年九月。

⑬ 王夫之《莊子通》序言中，曾述及「因而通之，皆可以造乎君子之道」，筆者於此稍變造此言。又王夫之的歷史詮釋學對此有甚大之啓發作用，請參見林安梧著〈王船山的歷史詮釋學〉，〈晚明思潮與社會運動研討會論文集〉頁221－255。1987年、十二月，淡大學出版。

注意的是，我們並不能只是指出它犯了範疇誤置的謬誤就能了事的，我們應去注意這樣的範疇誤置的謬誤是如何形成的。在一個什麼樣的歷史社會總體及存在處境之下，會使得我們在思考的時候，誤置了範疇，或者說：是什麼樣的因素使得範疇產生了一滑轉與異化，因而使得我們作出這樣的理解。關於這樣的調適而上遂之的恰當理解，筆者以爲中國哲學中的「道家」傳統，充滿了豐富的資源，這是值得我們注意的，於此暫略不論。

如上所述，我們一旦清楚的瞭解台灣當前的文化處境，難以逃脫出雙重的主奴意識，因而其所造成實踐之異化的情形頗爲嚴重。在這樣嚴重的實踐異化情形下，所謂的批判自難免倚輕倚重，作爲對立面的兩端，像翹翹板一樣，此起彼落，看似熱鬧，實則喧囂。消極的看來，這樣的文化生態使得台灣很難長出自己文化的根芽來，但積極的看來，在這繁雜難理的文化總體之下，未始不可能逼顯出一辯証性的思維來，發展出一新的方法論，作出融通淘汰的貢獻。爲了將討論的焦點逐漸引至當代新儒家論題上來討論，下節我們將通過一歷史的追溯，對於當代新儒家的思想源頭——宋明理學，尤其對於程朱之被指爲「以理殺人」，陸王之被指爲「情識而肆、虛玄而蕩」作一哲學的內在解析。筆者想經由這樣的方式，逐漸豁顯當代新儒家的問題所在。

四、宋明新儒家實踐之異化的哲學解析

當代新儒家就其歷史因緣，無疑的是繼承著宋明儒學的陸王之路，他所強調的是人與宇宙的內在同一性。再以此內在的同一性作為思考的起點，來架設其哲學的理緒。當然，所保障其同一性的方式亦是援引著陸王學派的理解而來，他們都強調經由一實踐的方式，便可以進到此內在的同一性之中，或者更直接的說，是因為此內在的同一性保證了實踐的工夫可以使道因之而開顯出來；所謂的「道」，正指得是這個人與宇宙的內在同一性。⑭

在這裡，我們發現了「人與宇宙內在的同一性」、「實踐的工夫」兩者有一互動及循環的關聯。「人與宇宙內在的同一性」就體上而言是優先的，但若就用上而言，則「實踐的工夫」是優先的。體用兩者迴環而相生，所謂「即體而言，用在體；即用而言，體在用」即指此而言。

值得注意的是，這裡所謂的「實踐的工夫」特別指得是「道德實踐」，但「道德

⑭ 此節所論，請參閱林安梧〈當代新儒家的實踐問題〉（演講記錄），載於《鵝湖》第十五卷第十一期，總號179，1990年五月。台北。

實踐」並不只是一狹義的日常的規範，亦不是一般的社會實踐，而是從日常的規範、社會的實踐，再轉而爲人己、物我、天人皆通極而爲一這樣的道德實踐。人己、物我、天人皆通而爲一，此與中國文化型態之爲「連續的」（continuity）有密切的關聯，相對而言，西洋文化型態之爲斷裂的（discontinuity）。此所涉甚廣，於此暫不論。⑮

以陸王學派而言，所謂「人與宇宙內在的同一性」指的是主體與道體（實體）之通極爲一，所謂的「心即理」所指即爲此，所謂「此心即是天」亦指此而言。這樣的主體（性），我們可以名之曰：實體化的主體（性）；相應而言，這樣的道體，我們亦可因而名之曰：主體化的道體。

相對的，以程朱學派而言，所謂的「人與宇宙的內在同一性」是必須經由道德實踐修養的工夫才得契及的。相應於陸王之「心即理」，他們強調的是「性即理」；心即理是一顯教的系統，而性即理則是一隱教的系統。「性即理」指的是將「人與宇宙的內在同一性」視爲一「超越的形式性原則」。就其爲超越的，可以知其爲先於人的生活世界與整個歷史社會總體的，是一虛廓之體，故說是一形式性的原則，此形式性的原則必須掛搭於作爲實質性原則的氣上，才得開顯。或者，我們可以說，經由實質性原則氣上的磨練，才能使那超越的形式性原則由隱之顯，這由隱之顯的過程即是一道德實踐的過程。朱子所謂「涵養用敬，格物窮理」皆指此而言。如此看來，朱子所論，道德與知識乃有一辯證性藏於其中，彼不一定得歸約爲一橫攝的認知系統，因彼所謂的天理並非「但理（只是理）」而已。朱子應劃爲一隱教的系統即可，順此隱教的系統，我們可以因之而認識他是一漸教系統。隱教之爲隱教是就存有論的層次說，而漸教之爲漸教乃是就工夫論的層次說。相對而言，陸王一系則爲顯教（就存有論層次說），爲頓教（就工夫論層次說）。⑯

值得注意的是，超越的形式性原則，在理論上，應該先於廣大的生活世界及整個歷史社會總體；但弔詭的是，在實際上，它與被帝皇專制及以之爲核心所構造而成的絕對的宰制性原則渾同爲一。換言之，在中國傳統中，儒學實踐所強調的「天理」與

⑮ 關於此杜維明、張光直先生皆有所論略，見張氏著《考古學專題六講》，稻鄉出版社，1988年，台北。又請參見林安梧著〈絕地天之通與巴別塔——中西宗教的一個對比切入點的展開〉東方宗教討論會第四屆論文發表會，1989年九月，文刊於《鵝湖學誌》第四期，1990年五月，台北。

⑯ 關於朱子的問題，請參閱林安梧著〈知識與道德的辯証性結構——對朱子學的一些探討〉（見《思與言》22卷4期，1984年十一月）。筆者這理以顯隱來論陽明與朱子，按：「心即理」此顯教的系統以陽明爲核心，而「性即理」此隱教的系統以朱子爲核心，介乎兩者之間的蕺山則爲奧教系統，船山則開啓一終教系統。於此暫不細論。

帝皇專制下的「君意」及宗法封建下的「父意」有一極曖昧難理的關聯，此中隱含著「道的錯置」麻煩問題在，此暫略不論。⑰吾人若順此而想，便可以發現如戴震所批評的程朱學之「以理殺人」，民國初年魯迅、吳虞等批評中國文化（尤其儒家）之爲「吃人的禮教」置於此脈絡中來理解，可知它們不是沒有理由的。（同⑫）

相對於程朱之強調超越的形式性原則，陸王強調的是一實體化的主體或主體化的道體。他們先肯定了人與宇宙的內在同一性，以此內在的同一性作爲道德實踐的起點，及作爲道德實踐的歸依。値得注意的是，陸王之爲陸王，其所強調的主體化的道體或是實體化的主體，這與程朱之爲程朱，其所強調的超越的形式性原則，構成一個互補的結構。程朱成就了一超越的分解的形態，他可說是一批判學；而陸王則成就了一辯證的綜合的形態，他可說是一辯證學。隱顯互補，頓漸相輔，不可失也。

實體化的主體或主體化的道體使得主體與道體直接地通而爲一，這是經由一本體的詮釋學及一本體的實踐學而成就的活生生的生活世界，這樣的生活世界直是一鳶飛魚躍的太和世界，它不涉及於雜多的塵世。⑱由本體的詮釋學及本體的實踐學所成立的這套道德的理想主義，若依儒學的原義，他之所要求的道德理想必然的要求其落實於人間世而實現之。換言之，道德的理想主義不只是精神境界的要求，更且是社會實踐的落實。但問題是，在帝皇專制及宗法封建的格局下，它必然的受制於一宰制性的政治連結及一血緣性的自然連結，這時候，原先所要求人格性的道德連結便異化成一工具性的存在。若以程朱的理學而言，則異變爲一迫壓人的存在，即前面所謂的「以理殺人」；若以陸王的理學原先所強調的主體化的道體及實體化的主體而言，則異變成一虛玄而蕩，情識而肆的無根之學。

彼之所以虛玄而蕩乃因爲主體之被實體化（道體化），而使得主體被吞沒不見，因此那道體就只是一虛廓的存在，沒法得到主體的充實，這時候，便使得原先所強調的「社會實踐」徹底落空，而異化成一主體的修養境界，又此主體亦已是被實體化的主體，因而就人來說，這是一虛的主體，是一與物無對的主體，而此虛的主體又即是道體，即是道之在其自己，但畢竟這樣的道之在其自己是一未開展的在其自己的狀態，是停留在抽象的本質狀態。正因如此，彼所成就的「主體修養境界」與所謂的

⑰「道的錯置」之問題是中國文化傳統的特異現象之一，牽連甚廣，筆者曾有〈論道的錯置——對代於西方文化下中國文化一個宰制類型的詮釋與理解〉之作《國際中西哲學比較會議論文發表會論文》，1989年八月，台北，中央圖書館。又請參見《鵝湖》18卷6期，頁24—53，1992年2月，台北。唯此文只是一概括性的述作，若欲清楚論之，則必須提至一認識論的層次來處理，請俟之他日。

⑱關於本體實踐學與本體詮釋學，請參見同註④。

「道德實踐」不只是程度上有所不同，根本上是範疇的不同。換言之，這時所謂「主體的修養境界」已滑轉或者異變成隨波逐流的日常之休閒與玩眞成幻的虛玄而蕩。彼之所以情識而熾乃因爲道體之被主體化，因而使得人們以爲主體即是道體；再如前所述之種種情形，使得主體亦被虛化而喪失了道德實踐的義涵，這時候，人們生命的激力便內乘於其中，隨著整個歷史社會總體的強度迫壓，人們的主體原是要求自由的，這時由生命的激力內乘於其中的主體，便相應的迸裂出來，無所底止，此即所謂的情識而肆。情識而肆與虛玄而蕩是那強調主體化的道體及實體化的主體的陸王之學，在一迫壓宰制的歷史社會總體之下必然的產物，這二者乃是一體之兩面。

若更進一步釐清陸王學派之強調「實體化的主體與主體化的道體」、「道體與主體通極爲一」，它本來是想經由一本體的實踐學與本體的詮釋學進入到一活生生的生活世界之中，想經由這樣的工夫去點化成全這個世界，這是順著原先血緣性的自然連結下的倫常日用而開展出來的一個情況。但由於宰制性的政治連結進駐其中，成爲管控一切的核心，倫常日用所強調的「孝悌之道」亦被異化成一工具性的「統治之術」。推擴言之，一迫壓的宰制的歷史社會總體使得人們的生活世界由活生生的狀態轉而爲一僵化的死物，人們的主體沒得去點化成全這個世界，逐漸喪失了對這世界原所具有的主體性身分，同時也使得這個世界虛化無化。値得注意的是，人們的主體雖沒得去點化成全這個世界，而逐漸喪失了對這世界所具有的主體性身分；但人的主體畢竟是要求自由的，而且相信其主體是自我作主的；因而這時便會產生一篡竊的情形，主體會將自己膨脹，以爲自己將天地萬有皆收歸爲主體之中，由於天地萬有皆收歸爲主體之中，於是世界的客觀構造不僅不得突顯，甚至導致一「獨我論」及「無世界論」的傾向，當然這祇是傾向，並不是陸王儒學之本懷，不過陸王儒學末流難以逃脫這樣的指責。

五、當代新儒家的特色及其實踐之異化

關連著上節所述，當代新儒家是繼承宋明儒學陸王一脈而往前發展的哲學體系，它亦如陸王學一樣，強調人與宇宙萬有內在的同一性，主體與道體通極爲一，此心即是天理。現在我們想問的是，在雙重的主奴意識的管控及宰制之下，當代新儒家是否亦如同陸王末流一樣，不能免於虛玄而蕩或情識而肆的弊病，若能免此弊病，又是以什麼樣的方式而免此弊病的呢？筆者在這裡，擬以熊十力及牟宗三兩位先生作爲示例，一方面指出其哲學的特色，並點出其實踐之異化的盲點所在。

關於當代新儒家的開山人物，最具有體系性建構能力的厥爲熊十力先生，他的

《新唯識論》已成爲當代哲學的經典之作，他哲學的重心，誠如其所自言的是「貴在見體」，但這裡所謂的「貴在見體」，並不是經由一種向外向上的思辯之摶畫，而是經由內在的體證，是經由一種實踐而得的體證。體證指的正是「以體證之，證之以體」，經由這樣的實踐過程，終而得以見體。⑲繼熊先生之後，最具有開創性及理論建構力的則是牟宗三先生，他於《現象與物自身》中所構造的兩層存有論的構造，可以說是他的哲學結晶。⑳這個構造，無疑的是他經由儒、釋、道三家哲學的歷史性疏通，掌握住了三家的精髓所在，融通淘汰，取精用宏，指出了「智的直覺」式的實踐，而這樣的實踐則指向「圓善」。

總的而言，熊、牟二先生都繼承了宋明以來的傳統，區分了德性之知與見聞之知，而將儒學定位在德行的實踐上，而且都有強烈的唯心論傾向，都強調天人、物我、人己的感通與合一，不過熊十力先生所成就的一套是「貴在見體」、強調「體用合一」的「本體論」，而牟宗三先生所強調的是以「智的直覺」爲核心，經由「一心開二門」的方式，開啓了物自身界與現象界，締建了「兩層存有論」。㉑

「體用合一論」與「兩層存有論」其精神淵源並無二致，都以整個儒學傳統爲基底，尤其是以宋明理學爲根源，特別是陸王一派更是他們所紹述的前輩。不過，仔細的考量熊、牟二先生，我們將可以清楚的發現，牟先生可謂宋明儒學陸王學派的嫡子正宗，熊先生在精神上如此，但它對於宋明理學家陸王末流則予以嚴厲的批評，而頗有取於橫渠、船山哲學的精髓。體用合一論的理論構造，宇宙論的義涵極夥，而牟先生的兩層存有論可以說一掃宇宙論的氣息，而是一極為絜靜精微的存有論系統。熊先生的立論方式較為獨斷，他採取的是由上往下說的方式。他先肯定了天人、物我、人己本為一體，強調其內在的同一性，然後再從這體的兩個勢用——翕與闢，前者指的是一凝聚的動勢，是一保聚性原則，而後者指的是一開闢的動勢，是一開創性原則——去締構其「即體而言，用在體，即用而言，體在用」這樣的「體用合一論」。牟

⑲ 熊十力先生習於一隨文點說的方式來表答其思想，此節所述及以下之論，皆可見之於彼所著《新唯識論》、《讀經示要》、《十力語要》、《原儒》、《體用論》、《明心篇》等著作中，筆者只是隨順自己的理解，直寫胸襟而已，不另注明出處。

⑳ 牟宗三先生的兩層存有論除了在《現象與物自身》一書中可見，其它諸如《心體與性體》、《從陸象山到劉蕺山》、《智的直覺與中國哲學》等已發其端。之後的《圓善論》、《中國哲學十九講》等大著亦多所論及。筆者此處只做概括的敘述，不另注明出處。

㉑ 關於「一心開二門」之問題，傅偉勳先生首先著文評論，見《儒家心性論的現代化課題》（上、下）文刊於《鵝湖月刊》113、116兩期，邱黃海先生又著文辨駁，見《一心開多門的商榷》，文刊於《鵝湖月刊》118期，高柏園先生又有〈「儒家心性論的現代化課題」一文之討論〉，文刊於《鵝湖月刊》119期。

先生則頗受康德批判哲學的影響，他通過一批判的方式，以一超越的分解的方式，對於執的存有論的現象界與無執的存有論的睿智界（即物自身界）作了區分，再通過道德實踐而豁顯「智的直覺」而與之連結起來。前者所強調的是一動態的融合，而後者則強調一靜態的擘分與建構；前者強調的是體用合一式的見體，而後者則著重在智的直覺與良知自我之坎陷兩者對於整個存有界的安立；見體是一實踐活動，智的直覺與良知的自我坎陷亦是一實踐活動。

這兩種實踐活動，總的而言，仍屬於儒學的系絡，但其內在骨子裡卻有不同之處，其不同關係到兩者面對實際世界的角度之不同。大體而言，牟先生的系統充滿著「現代性」（modernity），但值得注意的是，它同時也隱含著一儒學智識化的危機（the crisis of intellectualized Confucianism）。他將人類的理性提到了「智的直覺」的地步，這裡便隱含一個弔詭，他一方面企圖對於現代性有所安立，另方面，又對於所謂的現代化下的理性化危機，有一解決的可能性（只是可能性）；熊先生的系統雖處於現代，然而不及於現代，它可能較接近於前現代，但卻又處處充滿著後現代的氣息。這主要是因爲熊先生的體用合一論可以說是純粹東方的心靈，他與現代性的歐美中心主義適成一強烈的對比，在這個意義下，我們可以說他是充滿著後現代色彩的。當然，明眼人一定極爲淸楚即使把熊先生擺在後現代的思想家之林來考慮的話，我們將可以發現儘管他一再的強調「體用合一」，但畢竟仍然有個「體」在，至於當前的後現代思想家則大部分是「無體」的。而熊先生所見的「體」又不是後現代思想家所要去無（解構）的「體」。換言之，筆者以爲熊先生的東方型的心靈，若以之與所謂的「現代性」相提並論，對於所謂的「理性化」的宰制不但有一消極意義的否定與解構的作用，而且可以有一積極意義的安立與融通。筆者以爲這是當前大談後現代的先生所沒有注意到的，當代新儒家卻有著這樣的可能。

如前所述，牟先生的兩層存有論深受德國康德的影響，他一方面吸收了康德學的精華，另一方面則通過整個中國文化的主動脈——儒、釋、道三家，提煉了三家的精髓，指出儒家的性理、性智，道家的玄理、玄智，佛教的空理、空智，這都承認人有一「智的直覺」。關連於此，我們便可以對整個康德哲學的架構作一嶄新的重構，一方面，我們可以承認現象與物自身的超越區分，而另一方面，我們亦可以肯定人不只是一個有限的存在，人雖有限而可以無限；人除了具有感觸直覺的能力以綜攝經驗界而成就知識，人亦可具有智的直覺的能力，可以上及於物自身界。顯然的，牟先生將康德哲學中原屬於上帝的任務者，全收於人的主體心靈來處理。人的心靈，可以面對現象界而成就知識，此即爲彼所謂的「現象界的存有論」所涵；又可以面對物自身界而成就一睿智的理想世界，或爲道德之所涵，或爲藝術之所容，或爲宗教之所涉，此即彼所謂的「物自身界的存有論」之所涵。牟先生又借用佛教《大乘起信論》的系統，以所謂的「一心開二門」的方式來綜括此兩層存有論，「心眞如門」之所攝爲睿智界、物自身界，「心生滅門」之所攝爲現象界、爲一般實存的世界。前者爲無執之心，是心之虛靈明覺而開顯的理想境界，後者爲一有執之心，一執執到底而開顯的現象世界。如康德所言，現象與物自身乃是同一事物的兩個不同的面相，牟先生則以爲此皆只是一心所開之二門其所對的同一對象而已。於此，我們可以發現所謂的「一心開二門」涵著一詭譎的辯証，但顯然的，這樣的詭譎的辯証並不是一黑格爾式的辯証，他或許有取於黑格爾的辯証，但由於中國文化傳統之特色——強調一無執的性理性智、玄理玄智、空理空智，使得這詭譎的辯証改造成一逆黑格爾式的詭譎的辯証。這樣的逆黑格爾式的詭譎的辯証，是以主體心靈的辯証作爲首出的，是以主體的心靈的辯証去涵概客觀世界的。它所強調的是意義的點化，而不是結構的生發。它強調由一意義的總體來把握整個世界，進而去論略一結構的世界如何可能的問題。

經由這樣的疏釋之後，我們便可以瞭解爲何在牟先生的系統，「智的直覺」一詞的重要地位，它可以說是最爲首出的，如果不承認此自由無限心的存在，則牟先生的系統頓然瓦解。智的直覺乃是一切存在界的基礎，亦復是德行實踐的基礎，道德實踐與存在是相即不二的，它們都統於一自由的無限心之中。顯然的，這是繼承著宋明儒學陸王學派所強調的「心即理」——人與宇宙的內在同一性，而來；他們都強調主體與道體的通極爲一。牟先生強調的主體，顯然的是一實體化的主體，相應的，其所強調的道體亦是一主體化的道體。只不過，牟先生不同於宋明儒學的陸王學派，強調一本體的詮釋學及本體的實踐學而已；他更而強調須得經由一曲折的工夫才能通極於道（即所謂的曲通），這個曲折的工夫強調的是由自由無限心的自我坎陷（即良知的自我坎陷），使自由無限心由在其自己而自行否定其自己，而爲對其自己，開出一客觀的結構世界，進而成就一「在其—對其自己」的圓融世界。我們可以說牟先生認爲所謂的「自由無限心」放之則彌於六合，卷之則不盈於一握，但這卷與放卻不是直接的卷與放，而是一間接的卷與放，這或許可以對《易傳》的「曲成萬物而不遺」做一嶄新的詮釋，或許亦可用來詮釋《中庸》的「致曲」。順著這個理論，牟先生雖然強調要「本內聖之學以開外王」，但這「開」並不是直開，而是一曲折的開，他並不認爲「舊內聖可以開出新外王」。㉒就此而言，牟先生的思想是符合於現代思潮的，如果

㉒ 關於此內聖外王的問題，筆者曾有〈「舊內聖」的確開不出「新外王」〉之作，見《中國論壇》151期，1982年，一月。此文乃申述牟先生之說。蓋牟先生並不認爲由傳統的內聖可直通外王，近人頗多誤解者。

依 Max．Weber 之所說「現代化即是合理化」，他作的是經由一合理化的歷程來開出所謂的現代化，這是 Max．Weber 的理論倒過來作成的。他之所以會是以這樣的方式作成，乃因爲牟先生順著原來的中國文化傳統，將實踐的主體與整個存在的終極的道體通極爲一，即此主體，即是道體，而一切皆由此道體、皆由此主體開展出來。

這裡值得我們去注意的是，什麼樣的理由使得中國文化傳統被理解成這個樣子？什麼樣的一股力量使得我們將整個文化傳統背後的歷史社會總體壓縮成一個形而上的道體（亦可以說是一形而上的理體），而且又將這形而上的道體理體壓縮到吾人的心性之中，作爲我們的心靈主體？其實相對於這個問題，我們也可以對西方整個文化傳統做一發問。何以將整個人類存在之總體壓縮而歸之於上帝？又何以將一切現象世界所成之總體壓縮而歸之於人的認識主體？西方近代的心靈是將宇宙存在的總體派給上帝管轄的，而又將知識的世界其所成的總體派給認識的主體管轄的，前者屬信仰與宗教的範圍，而後者則屬知識與科學的範圍；但總的來說，它們都歸之於一「理體」（logos），一切都是此理體之所統，就此而言，我們可以理解什麼叫現代化即是理性化。顯然的，若順這個角度來說，我們可以說牟先生的哲學系統是屬於現代的，這樣的現代又是統於古代的，是統於整個傳統的。由傳統到現代，牟先生的系統扮演了一個重要的角色，這個角色是不能被替代的。但話說回來，在牟先生的系統裡，由於將整個傳統文化之總體壓縮成一自由無限心體（即良知獨體、即道德心體），這樣的高揚良知的重要性，認爲只此良知便生天生地，無所不覆載，這會不會形成所謂的「一元化的宰制」呢？

其實「一元化的宰制」這個詞，讓人一聽起來便有深深的貶義，但我們若通觀整個人類近現代文化的發展，不論中西，又有那些是能免於此一元化的宰制呢？現代西方文化似乎最強調多元，但只要稍作深刻的理解，便知近現代的西方，陷在兩元對立的格局中思考問題，而在此兩元背後則是根深蒂固的一元。其實近現代的理性化便不可脫去此一元的宰制，一元的宰制或許是近現代理性化的一個特徵。簡單的說，一切之歸於理體而言，即可泛稱之爲一元的宰制。至於所謂的多元則是在此一元的宰制之下立言的，不可混爲一談。若依此來論，牟先生之強調良知獨體、道德心體、自由無限心體，這都可類比於（雖然不同）那理體，故某一意義下，亦可說他是具有一元化宰制性的，這一元化的宰制性即所謂的「一本論」，一本散爲萬殊、萬殊歸爲一本，通統爲一。

如上所述，我們可以發現有一個極爲奇詭的問題，値得深究。我們發現由良知獨體、道德心體、自由無限心體所構成的一套系統，就其結構而言，與中國的帝皇專制及宗法封建有著密切的關連，甚至我們可發現其同構性在。[23]當然，所謂的同構只是就結構上而言，並不意味著內容就一樣，事實上，內容核心的布局卻是相互抗持的。換言之，以良知獨體、道德心體、自由無限心體發展而成的一套系統是經由帝皇專制、宗法封建的壓縮而進到吾人的內在本心的，但這並不意味它就是帝皇專制及宗法封建的附屬品，相反的，他隱涵了抗帝皇專制及宗法封建的根苗在裡頭。儒學之爲儒學，固有所謂的「帝制式的儒學」、亦復有所謂的「批判性儒學」及所謂的「生活化的儒學」在，豈能窄化成帝制的儒學而已呢？[24]換言之，中國一本性的傳統下的儒學，就某一方面而言有其一元的宰制性，而另一方面則又有一抗宰制性，或者我們可以說，他是源於「一元化的宰制性」而具有「抗宰制性」，他又是源於「抗宰制性」而有「一元化的宰制性」。一元化的宰制性與一元化的抗宰制性形成一個極爲奇特的總體，這總體是具有絕大支配力的，就此而言，它又是一個一元化的宰制總體。這個問題的疏理極爲艱難，從以上所述，我們可發現一辯證的詭譎在，這亦有一所謂的「道的錯置」（misplaced Tao）在，現暫分疏如此，詳論則待之他日。

現在，我們可以明確的指出，如說牟先生的系統是一個一元化的宰制系統是可以的。不過，這一元化的宰制系統，一方面總結了中國文化的傳統，將儒釋道三家的精髓融匯爲一個以自由無限心爲核心的總體；另方面，他即以此總體去瓦解中國的帝皇專制與宗法封建，而指出邁向民主乃是根源於這個總體的一個要求，是本內聖之學必然的要開外王之學的；更重要的是，這樣的以自由無限心體爲核心而形構成的總體，充滿著民族性的自尊在，有著一股無與倫比的自我認同在，他足以對抗自鴉片戰後近百年西方列強侵凌之下所形成的中國意識的危機。在危機時代裡，這樣一套具有一元化的宰制系統的哲學，我們一旦瞭解了個中的滋味，體會了其中的眞義，作爲由危機邁向轉機、由傳統邁向現代，這無疑是一重要的接榫點，並無可議。不瞭解此，而妄生非議，皆浮淺不思之過也，中國近現代所謂前進的知識分子有幾人能免於此呢？若以爲此即足夠矣，則是故步自封，不求上進之過也。保守型的知識分子有幾人能免於此呢？就一個具有數千年的文化古國而言，在傳統與現代化的調適之下，極爲自然的以其所壓縮而成的文化總體，而歸本於一自由無限心體，這便產生了所謂的「道德思想的意圖」來作爲傳統與現代的接榫點，這不能視之爲謬誤。而之所以會視之爲謬

㉓　筆者近年來頗關心此問題，筆者以爲黃仁宇先生所著《萬曆十五年》一書，對此問題頗有一縱深的理解，此中在在可見儒學與中國傳統的帝皇專制有極爲奇詭的關係在。

㉔　「帝制式的儒學」、「批判性儒學」及「生活化的儒學」乃筆者所認爲的儒學三大面向，其複雜的關連，筆者曾有〈儒學的三大面向〉之作，1989年，手稿。

誤，乃肇因於歷史感的忽略所致，只以平面的思維方式爲之也。簡單的說其有「道德思想的意圖」，可！若言其爲「道德思想的意圖之謬誤」則不可。須知，一字之差，嚴於斧鉞，豈可不愼哉！㉕

六、結論

如前所述，本論文所檢討當代新儒家的實踐力，特別著重的是從當下廣大的生活世界，及複雜的歷史社會總體，做爲起點的。由於這方面的資源，截至目前，還非常的少，筆者所採取的又是一宏觀的角度，因此筆者著重的是如何的鉤玄勒要，點出臺灣當前文化意識的困境（或危機），所謂的「雙重的主奴意識」正是當前我們仍無法逃脫的。儘管筆者對於這種主奴意識下所產生的實踐的異化之情形，提出了一些批評與論斷，但無疑的，這只是一個概括的敘述罷了。它或許可以被發現有一個企圖，它想經由這現象的概括敘述，進而去透顯出背後的本質。再者，希望能更進一步，融通之、淘汰之，有所批判與重建也。由於當代新儒家的內涵極爲豐富與複雜，要直接的去疏理它，並不容易；因而筆者先就其思想的淵源——宋明儒學，作一理解與檢討。筆者想經由這樣的檢討，去豁顯幾個處理儒學與廣大生活世界及歷史社會總體的辯証關連的思想模式。筆者以爲若不經這層的處理，只作形而上的冥思，要去開出所謂的實踐是不可能的。須知，做爲一個實踐的哲學的儒家哲學，它是以實踐爲首出的，它不能以一種由理論以導出實踐的思維模式來思考，它應被擺置在一實踐的境域中來處理。離去了實踐的境域，徒做玄思，即使高談實踐，那這樣的實踐仍只是一由理論爲優先所導引之的實踐，它仍然停留在一抽象的本質狀態下的實踐，它很可能是由於「儒學的智識化」所帶來的毛病，頗値吾人注意。

的確，「儒學的智識化」所帶來的問題極夥，本文只在第五節稍稍提及而已，並未作一集中式的處理。又本文的第五節隱含了一些隱而未發的論點，極待更進一步的疏理。筆者以爲這都可見這篇論文與其說是要去解決些什麼旣成的問題，無寧說它想作的是去豁顯它可能觸及的問題。這一步豁顯的工夫，乃是作爲未來這方面更進一步研究的張本的。若不做這一步的豁顯工夫，則當代新儒學實難免於外在的種種誤解或歧議。

總而言之，本文提醒大家須得注意我們仍然處在所謂的「主奴意識」的困境中，

㉕「道德思想意圖的謬誤」乃林毓生先生提出之批評，筆者對此批評復有所批評，請參見〈儒家現代化的反思片段——解開所謂「道德思想意圖的謬誤」〉，文刊於《國文天地》52期。

我們必須帶著這個問題背景來思考問題，對它有一釐清及推擴的工夫，才能免於出主入奴的被宰制。另外筆者想提醒大家的是，儒學所強調的實踐是通極於道的，但它又必然的與廣大的生活世界及豐富的歷史社會總體結合在一起，它既是一本體的實踐（即道德的實踐），同時是一日常的實踐，亦是一社會的實踐，因此，它必須涉及到客觀的結構世界，不能只停留在主體即是道體的「一體化」的結構之中。這樣才能避免虛玄而蕩、情識而肆或以理殺人的毛病。

顯然的，主體、道體、客體這三端到底應該做什麼樣的結構性的關連，這是值得吾人進一步去注意的。當代新儒家關於這問題的處理，雖都不免是「一本論」的格局，但其內部的思想理論則是千差萬別的。早期的熊十力先生，主張的是由「體用論」開出大同世界的文化社區這樣的格局；而梁漱溟先生則以爲通過鄉治運動配合文化教養，來實現一道德的理想。張君勱、徐復觀二先生則想通過民主政黨政治的運作來展開其理想。唐君毅先生除了強調文化教養的重要性之外，他的理論體系強調的是經由一精神的發展，層層昇進，以安頓宇宙人生萬有一切。牟宗三先生強調開出道統、學統、政統三元分途的世界，當然所謂的道德實踐及文化教養仍是其關注所在。這都值得去疏理，但本文或者隱而未發，或者根本未提及，請俟之他日。

最後，筆者想說重新去正視當代新儒家的實踐問題，尤其牟先生所開出的兩層存有論的問題是必要的。再者，筆者以爲由牟先生的「一心開二門」再返回熊先生的「體用合一」的格局，進而再返回王船山的「乾坤並建」的格局，將可以恰當而如實的處理道體、主體及客體這三端的結構性問題，而中國文化的返本開新方始有一嶄新的可能。

國家圖書館出版品預行編目資料

中國宗教與意義治療

林安梧著. – 初版. – 臺北市：臺灣學生，2017.03
面；公分

ISBN 978-957-15-1726-1 (平裝)

1. 中國哲學 2. 心理治療 3. 宗教療法

120　　106003431

中國宗教與意義治療

著作者：林安梧
出版者：臺灣學生書局有限公司
發行人：楊雲龍
發行所：臺灣學生書局有限公司
臺北市和平東路一段七五巷一一號
郵政劃撥戶：〇〇〇二四六六八號
電話：（〇二）二三九二八一八五
傳真：（〇二）二三九二八一〇五
E-mail: student.book@msa.hinet.net
http://www.studentbooks.com.tw

本書局登記證字號：行政院新聞局局版北市業字第玖捌壹號

印刷所：長欣印刷企業社
中和市永和路三六三巷四二號
電話：（〇二）二二二六八八五三

定價：新臺幣四五〇元

二〇一七年三月初版

12044

ISBN 978-957-15-1726-1 (平裝)